U0940300

宏观经济信息管理驾驶舱综合集成模式

何 跃 著

科 学 出 版 社
北 京

内 容 简 介

世界经济正面临前所未有的不确定性，面对突如其来的金融风暴，传统的宏观经济预警方法已经力不从心，建立新的宏观经济预警思路和办法迫在眉睫，在综合集成理论的指导下，把经济预警理论方法和管理驾驶舱结合起来，建立宏观经济信息管理驾驶舱能够为科学预警提供新的工具和手段。

本书首先叙述管理驾驶舱的基本知识，阐述驾驶舱基础系统设计和功能，然后介绍驾驶舱综合集成模式，重点分析经济监测、经济预警、经济预测和经济仿真集成模式，最后通过实证分析说明宏观经济信息管理驾驶舱综合集成模式的应用。书中示例均具有极高的实用价值，范例典型、针对性强，有助于读者快速掌握和融会贯通。通过学习，读者不仅能够掌握使用宏观经济信息管理驾驶舱的基本方法，而且完全可以将这些方法应用到宏观经济预警分析中。

本书不仅适用于经济管理专业的广大教师、本科生和研究生，还适合各级政府经济管理部门的研究人员和管理干部，同时对于对宏观经济管理有兴趣的读者也是有价值的参考书籍。

图书在版编目（CIP）数据

宏观经济信息管理驾驶舱综合集成模式/何跃著. —北京：科学出版社，2017.10

ISBN 978-7-03-052473-7

Ⅰ. ①宏… Ⅱ. ①何… Ⅲ. ①宏观经济管理–经济信息管理 Ⅳ. ①F208

CIP 数据核字（2017）第 068845 号

责任编辑：马 跃 / 责任校对：王 瑞
责任印制：吴兆东 / 封面设计：无极书装

科 学 出 版 社出版
北京东黄城根北街 16 号
邮政编码：100717
http://www.sciencep.com

北京厚诚则铭印刷科技有限公司 印刷
科学出版社发行 各地新华书店经销

*

2017 年 10 月第 一 版 开本：720×1000 B5
2019 年 1 月第二次印刷 印张：10 1/4
字数：201 000

定价：72.00 元

（如有印装质量问题，我社负责调换）

前　　言

在我国经济转型发展时期，加强对宏观经济运行的动态监测，在各种复杂的经济关系中把握宏观经济系统的运行规律和特征，并针对存在的问题快速有效地采取调控措施，保证国民经济健康发展成为经济运行组织管理者十分重要的任务。经济系统和经济现象的复杂性，决定了经济运行动态监测和控制具有较高的难度。为了提高监测和控制作业的精度与有效性，长期以来理论研究学者和实际管理工作者进行了不懈的努力，提供了不少可供借鉴的经验。本书对这些经验做了一定程度的总结，建立了一套规范化的集经济运行分析、经济运行过程预警、经济发展趋势预测和经济仿真模拟运行决策为一体的宏观经济信息管理驾驶舱综合集成模式，为科学的宏观经济调控决策提供了参考方法。

全书共 5 章。第 1 章介绍管理驾驶舱的概念、功能和作用，以及它在企业管理等方面的应用；第 2 章阐述管理驾驶舱基础系统设计问题，包括系统构成、展示内容、墙面结构、内部结构和系统功能设计；第 3 章讨论管理驾驶舱综合集成模式，重点设计了经济监测集成模式、经济预警集成模式、经济预测集成模式和经济仿真集成模式；第 4 章结合实际进行经济预警模型的设计和实证研究，编制景气预警指数，建立单指标预警和综合预警模型；第 5 章分析经济仿真和预测模型，建立经济仿真系列模型，设计仿真系统功能模型，进行经济预测实证分析，最后结合案例，说明宏观经济信息管理驾驶舱综合集成模式的应用。

本书凝聚了作者多年来的研究成果，深入浅出、通俗易懂、图文并茂，把相对复杂的宏观经济信息管理驾驶舱综合集成模式简明扼要地呈现在读者面前。

本书受到教育部人文社会科学研究规划基金项目（11YJA630029）的资助。在编写过程中，作者参考了大量的专业书籍和相关研究文献，得到了谭晋秀、邓姝颖、宋灵犀、马玉凤的帮助，以及四川大学商学院徐玖平教授的大力支持。在此一并向他们表示衷心地感谢。

由于作者水平有限，编写时间仓促，书中可能存在疏漏，敬请读者批评指正，以便再版或重印时纠正。

作　者

2017 年 6 月

目　　录

第 1 章　管理驾驶舱概述

伴随全球化经济的形成，面向企业的以内部信息集成为主的 MRP-Ⅱ系统已不能满足企业全球化经营管理模式的要求。而互联网技术的发展和应用，使更高级的管理信息系统企业资源计划（Enterprise Resource Planning，ERP）投入研发和使用。随着市场竞争动态化和全球一体化的加剧，现代企业被惊人的海量数据和信息所困扰，而这大多数的数据都是未经过处理的具有商业价值的原始资料。研究表明，通常情况下，一个执行官面对的信息量是如此之大，可达每分钟人脑有效运转的五倍之多[1]。这就为企业界提出了重大课题，如何才能使生产率最大化，如何才能做出更好的决策。将业务层次的管理转向侧重于战略决策的管理是一种解决思路。但企业的战略管理是一项复杂的系统工程，既要考虑宏观因素（PEST 模型），又要考虑中观因素（波特五力竞争模型），还要考虑微观因素（SWOT 模型）。据《财富》杂志统计，全球只有不到 10%的企业制定的战略规划得到了有效执行。这又为企业界提出了一个棘手的课题，如何有效地制定和执行企业战略，如何监控和跟进企业战略执行情况。管理驾驶舱正是在此背景下应运而生的。

1.1　管理驾驶舱的概念

管理驾驶舱是近年来提出的新概念，其研究主要是针对企业的管理活动，为企业经营提供先进的管理工具，虽然在国外已经有多年的发展历史，但是在国内却比较少，研究和实际运用软件都非常少。

通过文献检索和研究，发现到目前为止，人们对于管理驾驶舱还没有一个完整的定义，一般认为：管理驾驶舱是基于 ERP 的高层决策支持系统，通过详尽的指标体系，实时反映企业的运行状态，将采集的数据形象化、直观化、具体化。文献[1]提到管理驾驶舱的物理构成，包括“驾驶舱”的墙面显示系统、飞行驾驶台，以及驾驶舱的内部设计。定义体现了管理驾驶舱形象的描述方式，企业决策者根据基于 ERP 的企业数据来进行实时的决策和监督。管理者可充分运用驾驶舱内对反映企业运行状态的 100 多个指标的动态描述，进行决策。管理驾驶舱体现了现代信息技术的高效率，并深化了对数据的利用。

管理驾驶舱的概念最早是德国 SAP 公司于 20 世纪 90 年代在其产品中提出的，是由 The SAP International Institute for Human Intelligence Management/HEC School of Management 的教授 Dr. Patrick M. Georges 于 1998 年创造的概念，其给出的描述如下。

管理驾驶舱是一个商业决策室，或一个战略管理室，管理者在这个地方可以更好地控制其商业活动。它是应用于商业目的的一个战斗室，是企业传播交流的实物化体现，是已得到证明的提升项目团队、部门或企业绩效的有力工具[2]。管理驾驶舱对于企业降低生产成本、促进产品销售、控制项目进度和提升绩效等具有实用价值。

管理驾驶舱为经理展示信息的方式与飞机驾驶舱为飞行员提供信息的方式相同。管理驾驶舱为经理提供运营生意单元所需的工具，做决策所需的全部指标，清晰地展示监控的执行情况。这个房间也可作为一个决策支持系统，包括原因-结果分析，以及对简单和常见问题进行自动处理的自动驾驶项目。

管理驾驶舱实务由 SAP 公司在 20 世纪 90 年代后期推出。它是由神经科学家和计算机科学家共同开发的一种创新的解决方案。

管理驾驶舱结合了人工智能，以及生物工程学的知识，从而可增强工作环境中人类的智能。制定决策是一项脑力劳动，人类由脑前额叶处理信息和做出选择。这个特定的脑力工作可从一个特别设计的环境和工作组织获得裨益。这些方法被称为组织智能。

智能一共分为三种类型：理性智能、感性智能和组织智能。理性智能指由 IQ 测试衡量的推理能力，它部分由人类的基因决定，因而很难通过人类本身的努力去改变，包括教育。感性智能也被称为社会智能。这类智能在一个人一生的前 10～20 年，被其父母和同辈人所强烈影响。组织智能指人类的生产率。管理驾驶舱通过以下技术和方法来提升其使用者的智能[2]。

1）以问答形式出现的信息

这种展示方式比很多其他方式更好地符合人脑实际工作方式，通过交互的方式选择决策者对问题的判断。

2）决策支持视图

这样的视图帮助增强分析信息的脑力劳动。它们使得决策者能够在比较短的时间理解问题。

3）多屏幕展示信息

管理驾驶舱的房间有 4 面墙，每一面墙包含 6 个问题，而每个问题有 6 个视图，即指标回答，总共有 144 个视图，即指标。4 面墙各自的内容如下。

（1）黑色墙：财务状况、成功关键因素、组织目标。

（2）蓝色墙：组织内部因素、组织的资源；目的在于分析组织的优势和劣势。

（3）红色墙：组织外部的机会和威胁因素，如竞争者、顾客，包括宏观因素，如政治环境、经济环境、社会环境和技术环境。

(4) 白色墙：从数据库中重新加工数据，进行深度分析，通过大数据挖掘得到一系列对企业决策有价值的信息。

4) 四个视觉合成层次

决策者可以轻易地从“异常情况管理”视图模式（以交通灯形式展示，总结了对于规范形态的主要困难和偏离），转到“目标管理”模式（展示了公司离其目标的距离、达到目标的机会和涉及的风险）。决策者通过简单地按一个按钮就可以选择视图模式。

信息以图像室（一种战斗房间）方式展示，而不是通过电脑屏幕。任何大型和永久性展示的信息都在人脑中占据一个重要的位置。

对一个公司来说，管理软件是公司的数字神经系统，而管理驾驶舱是其大脑。管理软件提供信息，而管理驾驶舱帮助制定决策和采取行动。作为一种新型的企业决策辅助系统，管理驾驶舱充分利用了现代企业信息化优势，对纷繁的企业内外部数据进行有效的整理和分析，提高了企业管理者对大量企业信息迅速反应和处理的能力，辅助管理者做出明智的、可预知的决策，有效把握企业战略方向。

Atos Origin 公司给出的管理驾驶舱实务如图 1.1 所示。

图 1.1　管理驾驶舱实务图

1.2　管理驾驶舱的功能

一般认为管理驾驶舱具有如下功能[3]。

1) 高度智能化的管理指挥部

通过墙面显示系统，管理驾驶舱把所有与企业营运绩效相关的绩效指标都以图形方式显示在墙面显示系统上，它描述的是企业的综合信息。

在管理驾驶舱中，管理指标将覆盖企业过去的信息、将来的信息、内部的信息和外部的信息。管理者根据这些指标判断企业业务状况的优劣，及时地调整企业的业务战术。

2）分析仪表盘

信息将以图形化仪表的方式展示给管理者，如反映企业流动资金的信息，就像汽车的油料表，管理者根据仪表的指针，了解企业的流动资金所处的状态，从而进行决策，以保证其处于安全区域。

在管理上，不可能用一个数据来反映一个管理指标。例如，企业的获利状况，只看销售收入，或只看利润值是不够的，可能需要销售收入和利润的两维综合，反映出企业的获利处于最佳状态、一般状态还是危险状态。因此，在管理驾驶舱中，每个管理的指标都会由多个有逻辑关联的视图来表述。

3）管理模型

管理模型包含行业的管理模型、产品的市场模型、企业现在和将来的经营模型，是管理者进行判断与决策的参照。

4）管理驾驶舱网络

如何让业务数据第一时间在管理驾驶舱中反馈，如何将每次管理决策的结果及时有效地在业务中实现，管理驾驶舱的网络承担了这个工作。

5）管理驾驶舱导航图

它负责指引使用者如何使用管理驾驶舱。

1.3 管理驾驶舱的作用

管理驾驶舱在企业实际应用中发挥了十分重要的作用。

1）减少不确定性

管理驾驶舱应该快速察觉来自顾客的需求变化、外部财务条件变化和竞争者的市场支出变化。它应该提供由传统系统无法衡量的活动信息，如员工工作积极性、销售活动、项目进程等。

2）侦查不规则的情况

这个工具致力于侦查出早期的偏差和不规则的情况。例如，产品和服务的缺点；过多的花费；不正常的员工轮换增加；不能按时完成任务；重要客户的生意往来逐渐减少。管理驾驶舱应该能在财务指标层次之前，衡量两个层次的指标，通常为活动指标和非财务结果。通常及时和自动地给出警告。

3）确认机遇

管理驾驶舱将确认和揭示在何种情况下，业务将发展得比预期的还要好，从而使管理层对机遇警觉。例如，卖得比预期好的产品；超出预期目标的部门。

然而，好于预期效果也许也是一个危险信号。在A公司，销售总是超出目标30%。这是很好的，但这也许表明计划做得不好，而且市场比预期的要大。换句话说，这表明竞争者有机可乘，而公司没有足够的销售人员。如果产品生产根据销售预告来调整制定，而预告被太大的实际差额超过，这将导致库存崩溃，以及因延期送货顾客满意度下降。

4）管理复杂的情况

管理驾驶舱致力于促进不同单位及工作的协调和同步。管理层合理地将业务分割为单元，从而使它更简单、更容易地被人类智慧所理解。

5）分权

管理驾驶舱通过使分散权力的代表指标可量化来实现正式化。

用常见的红色、黄色和绿色的交通信号灯来使分散权力的代表指标可视化，从而在某种程度上迫使领导圈子决定何时需要分权，何时需要集权。

6）其他

可以抽取、过滤、综合和跟踪关键数据；通过联机检索，提供趋势预测和例外报告；追踪基础数据；经理直接操作，无需中间技术支持；具有图表、文字等多种表达方式；具有数据分析功能；具有较强的网络通信能力。

1.4　管理驾驶舱的应用

管理驾驶舱的研究正日益成为管理学科和企业界的重点。迄今为止，其研究涉及了模型构建、管理价值、实施的基本准备等基础及框架性问题，但仅限于微观企业中的应用。现阶段管理驾驶舱的主要研究致力于将其与数据仓库（data warehouse，DW）、大数据挖掘紧密结合，使繁复庞大的数据库转化成为高效、重点突出的预测信息。

1）生物工程学在管理驾驶舱中的应用

通常，企业内部信息是根据部门，或产品，或地理划分后进行分享的。而在管理驾驶舱中，有价值的信息是由一种问题和答案的形式给出的，方便大脑获取，这是生物工程学的第一个重要应用。管理驾驶舱中的每一个管理问题的答案由 6 个视图组成。视图的数量选择 6 个，而非 4 个或者 10 个，正是生物工程学的第二个重要应用。根据生物工程学的研究结果，如果给执行官看一个有 10 行的数据表格，他的大脑会首先接纳前 6 个，并停止接收数据，进而做出一个初步结论。得到初步结论后，这位执行官才会去接纳剩下的 4 个数据[3]。管理驾驶舱有着 2 平方米的视觉屏幕，这也是根据人类智能的研究设定的。人类智能有一条规律：如果数据出现在同一个视觉区域，则有关联，反之亦然。这是因为，当看着视图时，记忆必须借助于智力。因此，2 平方米的视图使管理者一次可以收获全部的相关信息。

2）平衡记分卡在管理驾驶舱中的应用

管理驾驶舱总的设计思路是利用平衡记分卡的概念把企业的关键绩效指标按

层次分派给各个部门，以个性化的图形展示给管理者。平衡记分卡是由 Robert Kaplan 和 David Norton 在 1990 年提出的。当时的企业绩效评估系统取决于财务指标，并不能全面衡量和管理企业，因此他们做了为期一年的研究，并成功提出平衡记分卡作为解决方案。平衡记分卡从财务、顾客、内部流程、学习和发展这四个方面来衡量企业运营状况，有财务和非财务考量、劣势和优势指标、内部和外部衡量标准。这就使得企业可以跟进财务结论、未来发展的驱动因素，如顾客满意度、智力资产、创新[4]。

3）未来的研究方向

管理驾驶舱尚有两个大的突破方向。

（1）管理驾驶舱作为革命性的管理理念及技术突破，其意义必将波及诸多行业，如金融、经济，甚至天文、生物等。而管理驾驶舱与具体行业的结合尚处于未研究状态，有巨大的研究潜力。

（2）管理驾驶舱在宏观管理中的应用。例如，宏观经济管理，经济预警、经济预测一直是政府宏观经济调控的重要工作之一。如何应对现在经济、政治、社会、技术等纷繁复杂的变化，如何从海量且不断更新的数据中挖掘出有效信息，如何制定宏观经济决策等一系列问题，是当代政府面临的重大挑战。

因此，本书将研究重点放在了宏观经济信息管理驾驶舱在经济分析、预警、预测和仿真中的应用上。

目前欧美部分企业已将管理驾驶舱进行实际的运用，国内也有相关产品研发出来[6, 7, 10]，但文献资料对管理驾驶舱的研究大都在其物理构造上及管理驾驶舱通过怎样的形式反映给决策者。已有文献资料中提到企业管理驾驶舱包括十个主要的因素，即业务指挥部、墙面显示系统、管理指标、思维的“飞行甲板”、管理“仪表”盘、逻辑的视图、管理模型、管理会议、管理驾驶舱网络、管理驾驶舱导航图[5]。对于驾驶舱物理构造有形态上的描述，但鲜有涉及其应显示的数据图表内容。此外，文献资料对于决策支持系统有一定的研究，且是信息系统发展研究的一个热点，特别是对使用数据仓库作为数据来源的决策支持系统做了较多的研究，提出决策支持系统中的重要技术包括数据挖掘和联机分析处理技术。建立在此基础上的管理驾驶舱可以对这方面的已有研究加以利用。

大多数的企业正在逐步认识到管理驾驶舱对决策信息的支持作用，并认为它对于企业战略管理是有积极作用的。决策者容易直观地通过图表的方式看到整个企业的发展情况。及时决策和管理监督是管理驾驶舱很显著的优点之一。然而，从数据收集、分析、传播等渠道上，很少有资料显示驾驶舱到底是怎么运行的，驾驶舱在软件上的构成及业务模块也没有文献提及。

通过上述文献研究发现，目前关于管理驾驶舱的研究是基于企业的管理驾驶舱，主要是应用管理驾驶舱来控制企业的运行，从已有的文献中还没有看到系统的基于宏观经济信息管理驾驶舱研究。有许多文献研究了经济预警问题、预测问题和仿真问题，提出许多有意义的解决方法，我们希望把对经济的分析问题、预警问题、预测问题、经济仿真问题集中在一个系统中研究，提出系统的解决办法，通过建立宏观经济信息管理驾驶舱，把四者融为一体，为宏观经济决策服务。

参 考 文 献

[1] 陈心德. “管理驾驶舱”——企业战略决策的新型工具. 区域经济评论，2003，(1)：52-54.

[2] ABR & TLC Conference Proceedings. The development of information systems for executive strategic decision making. Hawaii，USA，2007.

[3] 孙焕良，马晓娟，王锋锋，等. 基于数据仓库的管理驾驶舱. 沈阳工程学院学报（自然科学版)，2003，5 (1)：12-14.

[4] 韩彦峰. 平衡记分卡在企业战略预警系统中的应用. 统计与决策，2006，(9)：168-170.

[5] 黄骁俭. 企业“管理驾驶舱”. IT 经理世界，1999，(14)：44-47.

[6] 张春梅. 基于数据挖掘的电网企业管理驾驶舱设计. 信息技术，2010，(12)：170-175.

[7] 李良，智伟，向新. 基于 BSC 的高校战略管理驾驶舱系统研究. 计算机工程与设计，2011，(9)：118-122，126.

[8] 张琦. 管理驾驶舱系统技术采纳问题研究. 北京：北京林业大学硕士学位论文，2013.

[9] 苏凯，吴广财. 移动管理驾驶舱离线访问研究与实现. 电力信息与通信技术，2014，(2)：90-95.

[10] 郭冬阳，卫青延. 离散型制造业管理驾驶舱系统的研究与设计. 机械设计与制造工程，2015，(3)：50-53.

第2章 宏观经济信息管理驾驶舱基础系统设计

宏观经济信息管理驾驶舱是具有中国特色的经济管理工具[1]。各级经济管理部门根据中央的经济发展规划，制订经济发展战略及计划，因而需要从宏观的行业层面了解现状、预测未来、发现警兆，制定政策，推动工业经济的快速发展。因此，各级工业经济管理部门迫切需要宏观经济信息管理驾驶舱这样的强有力的管理工具。

根据管理驾驶舱的概念，结合经济管理的具体情况，给出宏观经济信息管理驾驶舱的定义如下：

宏观经济信息管理驾驶舱是政府管理宏观经济的决策室或战略管理室。政府经济部门领导可以在这个地方快速把握宏观经济发展概况，得到早期经济预警，从而更科学合理地管理宏观经济。

具体说来，宏观经济信息管理驾驶舱以工业经济效益综合指标反映工业经济的综合实力；以宏观统计数据指标反映国家宏观调控情况；从人类社会及长期发展的角度出发衡量经济发展带来的社会、环境等一系列非营利性、公益性影响；基于数据仓库和各种数学模型建立经济预警系统，对于异常情况发出早期警告，并给出建议性决策供使用者参考。

宏观经济信息管理驾驶舱与管理驾驶舱的不同之处表现在如下几方面：

1. 展示的界面不同

管理驾驶舱由每面墙6个显示器组成，每个显示器展示6个视图，而宏观经济信息管理驾驶舱由于宏观经济衡量指标数量影响，视图数量为4～7个不等。

2. 数据来源和内容不同

管理驾驶舱展示内容来自企业内部机密数据，而宏观经济信息管理驾驶舱展示内容来自各类企业上报数据及统计数据，属于公开和官方数据。

管理驾驶舱数据属于微观企业层面，关注企业本身及其竞争对手；而宏观经济信息管理驾驶舱数据属于宏观政府管理和中观行业层面，关注整个经济发展、各类产业、各个地区、金融、环保、能源、交通等多方面的内容。

3. 使用者的目的不同

管理驾驶舱使用者的目的在于更好地运营、更多的盈利等；而宏观经济信息管理驾驶舱使用者的目的在于行业结构调整、行业整体提升、工业园区发展等。

4. 采取的手段不同

管理驾驶舱通过企业决策来进行下一步行动；而宏观经济信息管理驾驶舱只能通过政策、金融、立法进行宏观管理，而不能直接对企业采取行动，或者干涉企业决策。

5. 使用者权限设置不同

管理驾驶舱因涉及企业机密，需要设置使用者权限；而宏观经济信息管理驾驶舱不需要设置，体现公开透明的政府管理。

企业管理驾驶舱应与宏观经济信息管理驾驶舱联网，共享部分数据，从而更好地做出决策和相应调整。

2.1 系统构成

在经济管理中，宏观经济信息管理驾驶舱是一个足够宽敞的房间。它没有华丽的装修设计，四周墙上挂满显示屏，与经济发展有关的各种信息显示在墙上，因此又称为墙面显示系统。传统的管理驾驶舱房间的中央一般是一个整洁的圆桌，圆桌周围是几把椅子。决策者坐在一起，参看墙面显示系统所显示的数据信息，他们可以进行讨论并做出及时的决策，引导企业向正确的方向前进。我们认为宏观经济信息管理驾驶舱完全可以突破这种设计，将驾驶舱设计成主要管理者的办公场所。就像证券交易所一样，墙壁上的显示器动态显示股价走势、当前涨跌等，投资者可以及时地购进和卖出手上的股票。宏观经济管理者也可以将办公室搬到宏观经济信息管理驾驶舱中来，及时了解经济的发展情况，并做出合理的决策，使宏观经济平稳健康地发展。

通常我们认为宏观经济信息管理驾驶舱由以下三个部分构成。

1. 墙面显示系统

墙面显示系统一般由 24 个显示器组成，分别体现一个决策问题的情况，4 个墙上分别有 6 个两行三列排列的显示器，每个显示器又显示 6 个不同的分视图，这样宏观经济信息管理驾驶舱可以同时展示 144 个不同的指标。这 6 个视图又称为逻辑的视图，它们结合在一起表现一个经济管理指标的情况，它们在内容上是逻辑相关的，这样就更翔实地体现了经济管理指标的情况。

指标的排列不是杂乱无章的，而是按照不同的内容分区显示。宏观经济信息管理驾驶舱的正面墙为黑墙，显示关键的生产发展状况指标，表现这些指标的现时情况及发展趋势；左侧为蓝墙，显示分配发展状况信息；

右侧为红墙，提供流通发展状况的信息；背后的白墙，则显示消费发展状况等信息。

指标视图的显示不是固定不变的，通常是为宏观经济信息管理驾驶舱使用者进行实际的定制，以尽可能地满足管理者实际需要。因此，在指标的设计上，完全可以做到突破 144 个指标的设定。管理者可以根据当前项目情况、当前关注重点问题等进行设置，指标数值可以少于 144 个，也可以超过 144 个。总之，通过 4 面墙的显示器，让管理者了解自己需要了解的情况，达到良好的决策支持，才能很好地发挥驾驶舱墙面显示系统的作用。

2. 飞行驾驶台

宏观经济信息管理驾驶舱的飞行驾驶台是经济信息管理的核心所在[2]。宏观经济信息管理驾驶舱通过飞行驾驶台对经济的有关信息进行收集处理。决策者可通过飞行驾驶台查询经济发展的实时信息，可以是对经济发展的整体了解，也可以是对个别指标值的关注，在此基础上，管理者进行决策；宏观经济信息管理驾驶舱对决策的支持还体现在决策模拟上，即当管理者做出某个决定的时候，可以在模型、数据、知识驱动下，通过经济仿真模型对决策后的数据进行预测，以了解某些经济指标发生变化以后，对其他方面的影响；在有多个决策选择的时候，还可以通过预测分析确定对经济发展相对较好的方案。

飞行驾驶台体现了对整个经济各个方面的了解与操控，是决策的关键人机交互窗口，也是宏观经济信息管理驾驶舱的动力装备。

3. 内部系统

宏观经济信息管理驾驶舱是管理者的会议室，它按照人体工程学原理进行设计，最大限度地考虑人在该环境中的信息接收能力。其目标是建立一个能进行有效沟通、提高管理层会议效率的环境。为达到这一目标，关键的绩效指标以及其他一些非常重要的信息在显示墙上都是以图表形式显示。宏观经济信息管理驾驶舱使最高决策人员能把注意力集中在关键点上。这种像驾驶舱一样的设备面板和显示器布局，使高层管理人员能及时判断宏观经济可能出现的问题，通过经济仿真提出解决问题的方案。

同时宏观经济信息管理驾驶舱充分考虑如何最大限度地利用和拓展人的智能。例如，考虑到人对图像信息的最佳接收数量为 6 幅，因此所有的指标都以 6 幅为一组呈现在决策者面前。类似的研究成果体现在宏观经济信息管理驾驶舱设计的各个方面。

在实际运用中，会议室的内部设计已经突破了与会“椅子数目”，即参与者的人数限制，通过网络可以让更多的人了解经济发展状况，因此我们认为所有与当前决策相关的人员都可以参与到宏观经济信息管理驾驶舱决策中。

2.2 展示内容

墙面显示系统是宏观经济信息管理驾驶舱的直接显示界面。不同的管理目的针对不同的管理对象和决策问题，其实施宏观经济信息管理驾驶舱方案时，在墙面显示出来的数据图表是存在差异的[3]。墙面显示系统一般根据以下几个因素改变其显示的内容，即宏观经济信息管理驾驶舱所管理的指标数据和决策信息以六种形式展示。

1. 主要行政区域

选取行政区域的各个地市州进行重点分析，例如，分析各个地区的 GDP 发展速度、工业增加值增速、利税情况等，分析其主要经济指标发展的平稳性与波动性。

2. 企业集团

企业集团是带动经济发展的龙头，宏观经济信息管理驾驶舱就是要监测龙头企业发展状况，预测企业主要经济指标的发展趋势，在宏观经济信息管理驾驶舱中动态显示企业集团的状况和发展趋势。

3. 优势产业和支柱产业

优势产业是指一个国家或地区基于其客观实际具有市场竞争力和良好经济效益的产业部门。优势产业在经济发展中的作用主要应该表现在两个方面：①作为国民经济中起支柱作用的产业部门，它们能带动国民经济实现较快增长，并且保持各个产业间及其内部比例的协调。②优势产业的发展有利于实现国民经济结构的转变，使经济系统从整体上能发挥出最大的经济效益。宏观经济信息管理驾驶舱主要研究在产业集群中，哪些是优势产业，以及动态监测和评估优势产业[4]。

优势产业和支柱产业应当是一个地区鼓励发展的产业，它们的高速发展能够带动一大批产业的发展，从而促进经济的全面发展，宏观经济信息管理驾驶舱要根据各个地区不同的特点关注本地区优势产业和支柱产业的发展。

4. 七类企业登记注册类型

按照企业登记注册的类型（外商及港澳台资企业、私营企业、股份合作企业、有限责任公司、股份有限公司、国有企业、集体企业）分析各类企业发展状况和差异，根据国家政策，采取措施鼓励和扶持一些类别企业的发展。

5. 工业园区

工业园区是一个国家或地区的政府根据自身经济发展的内在要求，通过在一定空间范围内进行科学整合，提高工业化的集约程度，突出产业特色，优化功能布局，使之成为适应市场竞争和产业升级的现代化产业分工协作生产区[5]。宏观经济信息管理驾驶舱主要是评估工业园区的发展状况，我们对工业园区进行评价的目的，是对工业园区的建设与发展进行监测，促进工业园区健康发展，以此推动工业高速向前发展。需要研究工业园区的评价指标体系和评价方法，在宏观经济信息管理驾驶舱中动态显示工业园区的评价结果。评价的指标体系主要包括基础设施及环境保护、经营管理效益、产业发展水平及潜力、区位条件等四个方面，评价方法很多，各有其优缺点，根据评价的问题，可以考虑采用主成分分析与聚类分析相结合的方法。

近年来，作为产业集聚重要载体和提升工业化程度有效途径的工业园区（工业集中区等）获得快速发展，对加速本地区工业的增长和经济效益的提高发挥了积极的作用。

6. 不同的决策问题

不同的决策问题，涉及不同的考虑因素及指标。因此，应有针对性地显示需要的数据，避免造成数据的多余和缺失，影响决策者进行有效的决策。

此外，决策者对数据的需求，还可能受到时间段因素的影响。在某一个较短的时间段里，某些指标数据趋势分析不明显，其数据分析不具有现实意义，对于决策者而言就属于冗余且错误的信息，不应予以显示。

2.3 墙面结构

宏观经济信息管理驾驶舱置于一个决策工作室，有 4 个墙面，在每个墙面上安排 6 个显示屏，每个显示屏可以显示一组相关内容，从而展示经济发展的各个方面，对经济发展状况进行分析评估、预警、预测和仿真。

宏观经济包括生产、分配、流通和消费四个环节，我们确定以这四个方面为驾驶舱墙面展示和分析的内容。

2.3.1 生产指标墙面

在生产指标墙面上，显示生产状况指标，主要包括表 2.1 所示指标。

表 2.1　主要生产状况指标

指标名称	计量单位
地区生产总值	亿元
第一产业增加值	亿元
第二产业增加值	亿元
建筑业增加值	亿元
工业增加值	亿元
规模以上工业增加值	亿元
工业总产值	亿元
规模以上工业总产值	亿元
工业产销率	%
规模以上工业产销率	%
第三产业增加值	亿元
支出法地区生产总值	亿元
居民人均 GDP	元
固定资产投资额	亿元
固定资本形成总额	亿元
固定资本形成率	%
第一产业劳动力（年末数）	万人
第二产业劳动力（年末数）	万人
第三产业劳动力（年中数）	万人
地区总人口（年末数）	万人
农村人口（年末数）	万人
城镇人口（年末数）	万人
总劳动力（年末数）	万人
钢产量	万吨
更新改造投资	亿元
发电量	吨标准煤
产品销售收入	亿元
工业企业销售收入	亿元
能源生产总量	吨标准煤
商品库存额	亿元

对于上述指标，要从总量和速度两个方面来展示，重点分析地区生产总值、工业增加值、工业企业销售收入和固定资产投资额等指标的发展状况。

对于重点指标，第一，要对本期生产规模和速度状态进行描述。速度一般采用同比增长速度。第二，对生产进行稳定性分析，从生产的时间序列上观察同比增长速度有无异常的起落现象。该项分析可采用月度数据，也可采用年累计数据。第三，对生产进行增长率构成分析，计算局部增长率对总体增长率的影响力和贡献率，以判断和掌握影响生产发展的主要因素。第四，在全国平均水平、东部重点城市平均水平和西部重点城市平均水平等层面上进行同比增长速度的静态及动态对比，确定本地区的发展地位并找出存在的差距。第五，在全国和西部两个范围组内，进行地区之间的总量和速度空间分布状态排序分析。确定本地区经济总量和速度在全国重点城市和西部城市的地位，并从排序位次的动态变化中找出变化的趋势及其差距。第六，计算生产总量的地区构成、行业构成、所有制构成和规模构成等，发现影响总量变化的重点因素，并通过当年或同期的构成变化比较，观察重点因素的变化规律及趋势。第七，对按增加值或总产值计算的工业同比增长速度，进行地域及行业分布分析。一般可按负增长、正增长、增长10%、增长20%、超过全省平均水平等标示对地区、行业分类进行统计描述，并将上期或同期进行对比分析，借以判断工业生产发展趋势的变化属性。

2.3.2 分配指标墙面

在分配指标墙面上，显示分配状况指标，主要包括如表2.2所示指标。

表2.2 主要分配状况指标

指标名称	计量单位
居民收入总额	元
农村居民收入额	元
城镇居民收入额	元
居民人均收入	元
农村居民人均纯收入	元
城镇居民人均可支配收入	元
财政收支平衡	
总存款余额	亿元
企业存款余额	亿元
城乡居民储蓄存款余额	亿元
地方财政收入	亿元

续表

指标名称	计量单位
贷款总额	亿元
金融机构存款余额	亿元
金融机构贷款余额	亿元
工业贷款	亿元
工资性现金支出	亿元
狭义货币供应量 M1	亿元
金融机构企业贷款	亿元
流动资金贷款	亿元
实际利用外资	亿元

对于上述指标，仍然要从总量和速度两个方面来展示，重点分析城镇居民人均可支配收入、地方财政收入、企业存款余额、狭义货币供应量 M1 等指标的发展状况。

对分配状况进行分析，首先要分别对本期居民人均可支配收入、财政收入、企业存款余额、狭义货币供应量 M1 等指标的情况进行描述。速度一般采用同比增长速度。其次，在居民人均可支配收入、财政收入、企业存款余额、狭义货币供应量 M1 等指标的时间序列上对其进行稳定性分析，观察有无异常的起落现象。第三，分析城镇居民收入额、农村居民收入额、地方财政收入之间的增长关系，明确三者之间的关系。第四，可将居民人均可支配收入、财政收入等指标的增长速度与全国重点城市平均水平、东部重点城市平均水平和西部重点城市平均水平进行静态及动态对比，确定本地区在分配方面的发展地位并找出存在的差距。第五，在不同的行政范围组内，进行同级行政区域之间的居民人均可支配收入、财政收入、企业存款余额、狭义货币供应量 M1 等指标空间分布状态排序分析，确定本行政区域分配状况在一定行政范围内的地位，并从排序位次的动态变化中找出变化的趋势特征及其差距。

2.3.3　流通指标墙面

在流通指标墙面上，显示流通状况指标，主要包括如表 2.3 所示指标。

表 2.3　主要流通状况指标

指标名称	计量单位
商品与劳务净流出	亿美元
居民消费总水平价格指数（上年=100）	

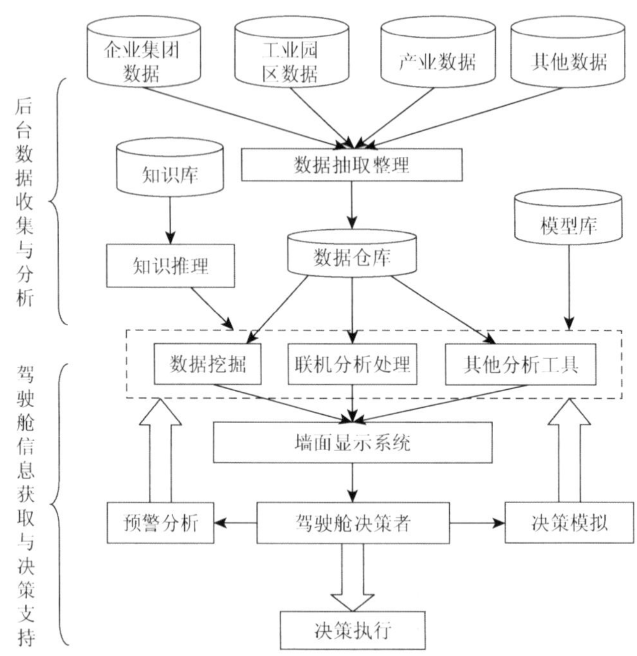

图 2.1　宏观经济信息管理驾驶舱飞行驾驶台体系结构

2.4.1　后台数据收集与分析

后台数据收集与分析部分由数据库、数据仓库、知识库、模型库等组成，还包括了数据挖掘（data mining，DM）、联机分析处理（on-line analytical processing，OLAP）及其他相关分析工具。

1. 数据库

数据库是宏观经济信息管理驾驶舱的基本数据来源，它包括企业集团数据、工业园区数据、产业数据及其他经济数据。这些数据从时间维度看，有月度数据、季度数据、年度数据；从行政角度看，可以分为不同的行政地区。数据库还存储了景气调查数据，用于定性和定量相结合的经济预警分析。

在管理驾驶舱中的数据库系统一般具有以下功能。

（1）支持记忆。数据库能够保存中间运算结果、建立数据之间链接的索引，以及用于决策者执行操作的数据触发器。

（2）支持数据归并，包括分子集、合并，以及在数据库中集聚记录和字段。做出一项决策需要大量的数据归并和抽象。

（3）具有多重数据来源。用于决策的数据可能同时来自系统外部或内部的数据源，即使是内部数据也有可能来自不同的部门，决策所涉及的方向越多则数据的来源种类也越多。

（4）宽的时间范围。数据库所存储的数据不仅有现在的数据，而且有过去的数据，有足够长的时间序列数据，以保证决策的需要。

（5）具有良好的系统接口。数据库系统是管理驾驶舱的一个组成部分，需要与其他部分结合起来才能解决决策问题。

2. 模型库

模型库是宏观经济信息管理驾驶舱的基本分析工具，主要包括对宏观经济预警的综合预警模型、景气预警模型、对主要经济指标做预测的多种预测模型、反映宏观经济各个方面相互关系的经济仿真模型。

管理驾驶舱中的模型库系统一般具有以下功能。

（1）快速方便地产生新模型。

（2）存取和集成模型块。

（3）支持各层用户利用模型对问题进行分类、分析。

（4）依据知识及推理规则的模型连接方法，使模型关联。

（5）其为调用和进行模型管理的机构，对模型进行修改、增删和操作。

3. 知识库

知识库是合理组织的关于某特定领域的陈述型知识和过程型知识的集合。它与传统的数据库的区别在于它不但包含大量的简单事实，而且包含规则和过程型知识。知识库是以知识库为核心的，包含人、硬件和软件各种资源，用于实现知识共享的系统[6]。

知识库是宏观经济信息管理驾驶舱的专家知识来源，由于对宏观经济预警是一个非常复杂的问题，一些国际、国内的政治军事事件对经济走势的影响是非常大的，而这些事件对经济走势的影响难以定量化，只有通过对专家的咨询，把专家的知识融入知识库，才能实现定性和定量相结合的经济预警。

4. 数据仓库

数据仓库是面向主题的数据集合，是人们根据经济预警的实际需要，从基础数据库中通过数据抽取整理得到的面向经济预警的数据集合[7]。它包括做综合预警所需要的数据的时间序列集合，也包括进行经济预测的所有指标的时间序列集合，以及经济仿真模型需要的实际数据集合。

5. 联机分析处理

决策分析需要从不同的角度观察分析数据，以多维数据为核心的多维数据分析是决策的主要内容[8]。早期的决策分析程序中分析方法和数据结构是紧密捆绑在一个应用程序当中的，因此，对数据施加不同的分析方法就显得十分困难。

在驾驶舱中，可以利用联机分析处理技术比较方便地实现多维数据的查询，为决策提供依据。它专门设计用于支持复杂的分析操作，侧重对分析人员和高层管理人员的决策支持，可以应分析人员的要求快速、灵活地进行大数据的复杂查询处理，并以一种直观易懂的形式将查询结果提供给决策制定人，以便他们准确掌握经济运行状况，制订正确方案。

6. 数据挖掘技术

数据挖掘是从超大型数据库或数据仓库中发现并提取隐藏在内部的信息的一种新技术[9]。目的是帮助决策者寻找数据间潜在的关系，发现经营者被忽略的要素，而这些要素对预测趋势、决策行为也许是十分有用的信息。

严格来说，数据挖掘可定义为：应用一系列技术从大型数据库或数据仓库中提取人们感兴趣的信息和知识，这些知识或信息是隐含的、事先未知而潜在有用的，提取的知识表示为概念、规则、规律、模式等形式。

一般情况下，数据挖掘的对象定义为数据库。更广义的说法是在事实或观察数据的集合中寻找模式。数据挖掘的对象不仅是数据库，也可以是文件系统或其他任何组织在一起的数据集合（如 WWW 信息资源、数据仓库）[10]。

数据挖掘是可以满足和解决当前“数据太多，信息不足”问题的技术。在经济信息管理驾驶舱的数据仓库中存放了大量的数据，发现数据之间的有机联系，预测未来经济发展趋势，就需要应用数据挖掘技术从大量数据中发现规律。

2.4.2 驾驶舱信息获取与决策支持

驾驶舱信息获取与决策支持由驾驶舱墙面显示系统和决策者组成。

1. 驾驶舱墙面显示系统

驾驶舱墙面显示系统由 4 个墙面组成，依照人体工程学的研究结论，每个墙面设计 6 台显示器，每台显示器一般显示不超过 6 个指标的信息，驾驶舱中间安排会议圆桌，供主持人召集有关决策部门召开会议使用；驾驶舱可以通过 Internet 连接到各个有关地区、行政部门，向所有参与决策的人提供决策信息，具有群决策的功能。

2. 决策者

宏观经济信息管理驾驶舱本质上讲也是人机系统，是以人为主导的系统，决策者通过应用该系统实现对宏观经济的预警、预测和仿真。而机器系统本身只是为决策者提供决策的辅助依据。

决策者通过驾驶舱提供的经济预测模型，实现对未来主要经济指标走势的预测，应用经济预警模型，结合预测结果，可以比较准确地发现未来经济景气状况。如果出现警情，可以调用经济仿真模型，模拟改变经济政策后相关经济指标的变化情况，从而实现对某些关键经济指标的调整来解除警情。

2.5　系统功能

宏观经济信息管理驾驶舱通过对数据进行有效的整理和分析，能协助决策者实现对宏观经济的预警、预测和仿真，能够对经济发展指标做比较全面的监控。其主要功能如下。

1. 建立全面、科学的经济发展状况评价体系

驾驶舱有效地集成了各种业务系统、数据仓库中的信息，使经济管理者能及时了解经济发展中的各种情况；通过经济预警模型能够对经济发展状况做出科学分析，为正确决策提供可靠的依据。

2. 提高决策效率

驾驶舱快速、连贯地分析数据，既保证信息的及时性，又保证信息的延续性，使决策者能全方位掌控经济发展状况，及时地做出科学周密的决策。

3. 提高管理可视性

驾驶舱根据不同需求提供大量的、实时的、全面的、真实的决策支持信息；强大的数据分析和数据挖掘工具，方便决策管理者进行深入、专项的分析，迅速发现问题的原因和找到合理的解决方案，提高管理的透明度。

4. 实现信息系统价值

驾驶舱通过一个信息生产者和信息使用者的完整的信息供应链，实现商业智能化所带来的价值，将准确的信息及时送达准确的人；面向高层决策者，体现了信息系统的集成和数据利用价值。

5. 降低决策风险及成本

驾驶舱通过系统的预警设置功能，实时监控经济的运行状况，为经济管理的正确决策提供科学、准确的信息；对经济的环境、状况变化的快速反应能力可降低经济管理决策风险及成本。

总之，宏观经济信息管理驾驶舱建立在企业基础数据之上，科学地对数据进行整理分析，以帮助高层决策者进行有效的决策，在现代经济管理中有重要作用，必将简化决策流程并提高决策效率。

参考文献

[1] 陈心德. “管理驾驶舱”——企业战略决策的新型工具. 区域经济评论，2003，(1)：52-54.

[2] 张春梅. 基于数据挖掘的电网企业管理驾驶舱设计. 信息技术，2010，(12)：170-175.

[3] 黄骁俭. 企业“管理驾驶舱”. IT 经理世界，1999，(14)：44-47.

[4] 何跃，卢鹏. 关于优势产业选择的可行性方法和实证研究. 计算机工程与应用，2006，42 (33)：222-226.

[5] 王剑芳. 工业园区集成创新系统演化发展研究. 昆明：昆明理工大学博士学位论文，2014.

[6] 李致. 知识库系统中的用户兴趣挖掘与推荐. 北京：北京交通大学硕士学位论文，2013.

[7] 孙焕良，马晓娟，王锋锋，等. 基于数据仓库的管理驾驶舱. 沈阳工程学院学报（自然科学版），2003，5 (1)：12-14.

[8] 张一清. 决策分析在数据仓库中的应用研究. 北京：首都经济贸易大学硕士学位论文，2005.

[9] 孙二娟. 基于隐私保护的数据挖掘技术与研究. 杭州：浙江理工大学硕士学位论文，2014.

[10] 胡领. 数据挖掘技术在网络入侵检测中的应用研究. 银川：宁夏大学硕士学位论文，2014.

第 3 章　驾驶舱综合集成模式

把管理驾驶舱技术、经济预警方法和综合集成理论有机结合起来，就形成宏观经济信息管理驾驶舱综合集成模式，如图 3.1 所示。

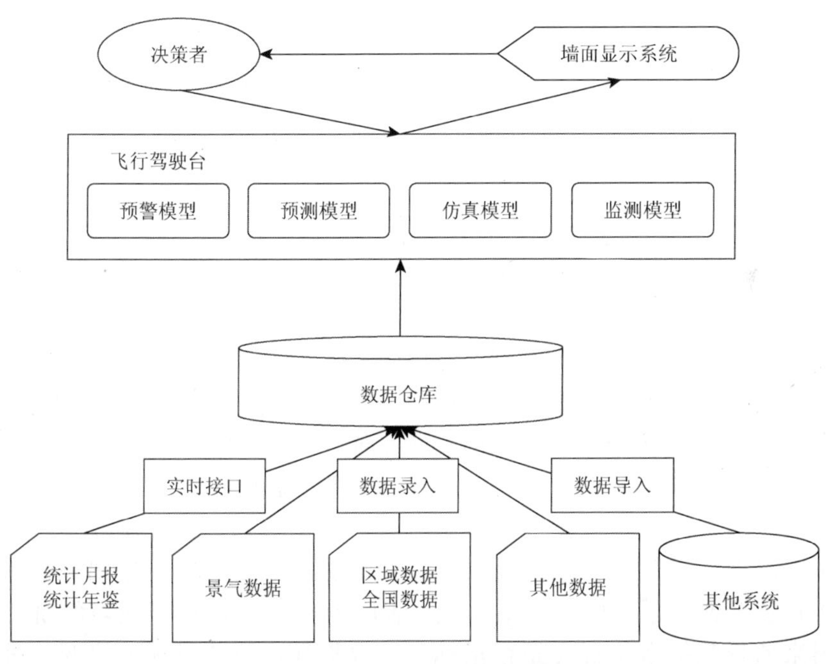

图 3.1　驾驶舱综合集成模式

这个综合集成模式是一个人机系统[1-3]，管理驾驶舱需要决策者来驾驭。根据决策者的需要，把包含统计数据、景气数据及来自其他系统的相关数据，通过数据抽取进入决策需要的数据仓库，决策者控制飞行驾驶台，应用飞行驾驶台的各种模型，分析经济运行状况，预测未来运转状态，启动预警机制，仿真决策过程，通过驾驶舱墙面显示系统展示各类决策信息。

3.1　总 体 功 能

宏观经济信息管理驾驶舱需要实现对宏观经济的预警并提供辅助决策支持，因此，其总体功能结构应该包含经济景气预警系统、经济预测系统、经济仿真系统、经济运行监测系统、联机分析工具系统和系统维护平台等六个系统。系统总体功能结构如图 3.2 所示。

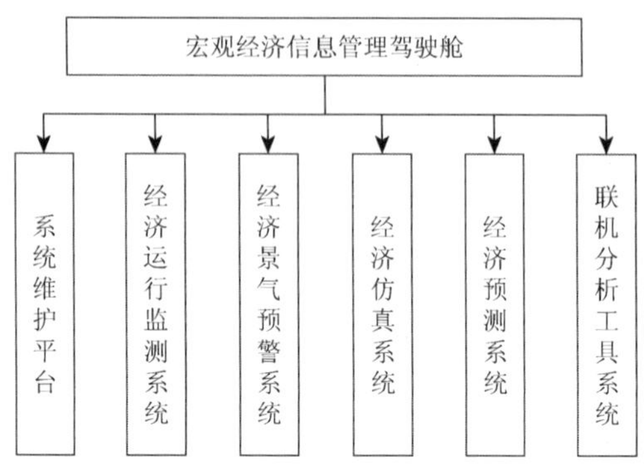

图 3.2　系统总体设计图

3.1.1　经济景气预警系统的功能

宏观经济景气预警是在对宏观经济周期进行研究的基础之上，采用若干指标编制景气指数来描述经济现象的周期波动，通过对宏观指标的分析，综合判断其运行的状态，并提前反映经济现象的发展方向和变动幅度，在经济出现较大变动时能预先发出预警信号，为有关部门进行宏观调控提供依据。

该系统通过对从地区生产总值、三次产业增加值、工业增长速度、城镇固定资产投资完成额、房地产投资、社会消费品零售总额、进出口总额、金融机构存款余额、金融机构贷款余额、居民消费价格指数等众多经济指标中筛选出来的景气指数指标（先行指标、一致指标、预警指标）的变动进行实时监测，将监测结果绘制成预警信号灯图（用红灯、黄灯、绿灯、浅蓝灯、蓝灯分别代表过热区间、趋热区间、适度区间、趋冷区间和偏冷区间五种类型）和指数走势图，形象地刻画出宏观经济总体运行状况，并形成经济预警报告。

3.1.2　经济预测系统的功能

经济预测又分为短期预测和中长期预测两个方面，通过预测来把握宏观经济未来的发展趋势。

1. 短期预测

宏观经济短期预测是指根据区域经济发展规划及区域经济发展的实际情况，

建立一个区域宏观经济（月度、季度）短期预测模型，对 GDP、规模以上工业增加值、财政收入、全社会消费品零售总额、进出口总额、居民消费价格指数等进行短期预测，并就预测结果与实际情况进行拟合度分析，选择最佳的拟合度作为短期预测的结果，并以分析报告的形式对外发布。

（1）主要指标预测：对 GDP、规模以上工业增加值、财政收入、全社会消费品零售总额、进出口总额、居民消费价格指数等进行短期预测，并且通过图表形式对外展现。

（2）分析报告：根据上述预测结果，由相关人员撰写研究报告，上传到系统，通过文档报告的形式发布。

2. 中长期预测

宏观经济中长期预测模型是用来对区域宏观经济运行状况进行预测分析。具体做法是：先由经济专家根据区域经济运行状况确定未来几年各个产业的增长率（高、中、低三种方案），再利用该宏观经济计量模型计算出其他经济变量。这样就可以分析研究在不同的经济增长模式下区域主要经济变量的变化，并在此基础上找出制约经济发展的主要矛盾和问题。这种情景分析预测中的基础方案作为最可能发生的经济增长轨迹，其主要外生变量将根据区域经济的实际发展态势决定。在此基础上，经济专家能够根据自己对未来经济走势的判断，设定自己认为合理的一些指标规划值，通过运行该宏观经济计量模型，得到用户自己设定的规划方案下的其他主要经济指标，进而分析政策变化对区域经济的影响。

3.1.3　经济仿真系统的功能

经济仿真系统旨在运用经济计量模型方法系统地分析区域宏观经济系统中各经济变量之间的相关关系，研究宏观经济政策变化对经济的影响，实现政策模拟和经济短期、中长期预测功能。在宏观上，利用模型确保能在自身的自然资源、地区优势、社会环境、技术水平、经济结构等条件下，最有效地发挥区域优势，促进经济的迅速发展；在微观上，通过模型定量分析经济变量（包括经济政策、重要的生产要素）在经济发展中的相互作用，预测主要经济指标的水平和发展速度，为政府决策者制定有效宏观经济政策提供参考。

从应用上来看，该模型可以对宏观经济政策对区域经济的综合影响进行模拟分析和评价，也可以研究区域经济与全国经济发展之间的关系。通过政策模拟分析，既可以检验模型能否准确地模拟经济实际运行状况，模型机制是否符合宏观经济理论，也可以分析宏观经济政策的效应，为制定区域的发展规划和相应的经济政策提供依据[4]。根据区域的需求确定若干模拟情景，这些情景可能是对某一项政策的模拟分析，也可能是对某几项政策组合效果的模拟分析。针对每个具体的模拟个案，用户可以改变外生变量（政策变量）或自行调整外生变量的变化幅度，对模拟结果进行比较和深入分析。在进行政策模拟时，除已有的外生变量（政策变量）外，还可以按照政策评价的需要将某些内生政策变量变为外生变量，研究它的变化对经济运行结果的影响。同时通过图表、文档等形式对外展现。

具体来说，仿真系统包括六个模块，分别是生产模块、需求模块、收入模块、财政与金融模块、人口与劳动力模块、价格模块。

3.1.4　经济运行监测系统的功能

经济运行监测系统立足于宏观经济统计数据库，以图形、数据、文字及地理信息定位等相结合的表现方式展现宏观经济运行的发展趋势。经济运行监测系统是初步的数据挖掘和数据应用，通过与实际业务的结合，为分析人员提供一个长期的、稳定的、动态的基础观测平台。

经济运行监测系统支持分析主题的灵活扩展，并提供图表动态生成、导出、打印、收藏等多种应用。经济运行监测系统相对于基础数据库的简单查询，其数据分类和组织方式更加直观、富有逻辑，同时增加了图形展现和文字描述，给用户提供更加鲜明的系统界面，便于研究人员准确把握经济运行态势，快速挖掘要点信息。系统实现数据信息的动态跟踪，提供图形和数据表的自动更新，无需人工维护。

根据区域经济运行监测分析需求，该系统包含经济运行环境监测、宏观经济监测、重点产业监测、工业集中发展区监测等部分。

3.1.5　联机分析工具系统的功能

联机分析工具系统提供联机数据分析预测工具，作为区域宏观经济信息管理驾驶舱的组成部分，其目的主要是满足用户（政府办事人员、科研人员及公众）对指标变量的简单统计描述、变量间依存关系的研究需求。数据联机分析工具提供一系列高效、实用的数据挖掘分析方法，可对原始数据进行多角度统计分析，增强系统的定量分析，简便、灵活的功能设计和易操作界面可满足用户自主分析数据的需求。

按照宏观经济监测预警及预测工作的基本要求，联机分析工具系统主要包括“指标分析”“计量工具”“统计工具”三类分析方法。根据统计学、计量经济学[5]等相关学科的要求，这三类分析工具又包括比率分析、趋势预测等方法。

1. 指标分析

指标分析的主要目的就是实现对指标数据进行指标预处理、指标计算等简单操作，具体包括空缺值处理、数据标准化、数据变换、指标计算、增长率、比率、结构、平滑、弹性等工具。

2. 计量工具

计量工具就是为了实现联机计量建模分析，运用一元或多元回归分析、趋势外推预测、时间序列、组合预测等多种方法来实现系统的联机分析功能，具体包括一元回归预测、多元回归预测、趋势预测、模型推荐功能、时间序列平滑预测、指数平滑法、布朗适应性平滑法、缪尔指数比例模型平滑法、组合预测方法。

3. 统计工具

统计工具主要为了使用户能够在线调用数据库，同时对调用的数据进行相应的统计分析，如相关分析、主成分分析、因子分析和聚类分析等。

3.1.6　系统维护平台的功能

该系统用于实现数据维护工作。维护系统包括四个模块：数据库及文献维护、模块功能维护、系统平台整合、用户权限管理。

维护系统支持 Windows 系列操作系统，系统采用 Visual Studio.NET 开发；服务器采用 Windows 2000/2003 操作系统，使用 SQL Server 2012 为数据库管理系统。

1. 数据库及文献维护

用于实现系统的数据库及文献维护，主要功能包括数据的导入和更新维护，涵盖模块系统的主要模块所需的数据。以上部分模块的数据维护基本为基于数据库的维护，因此可采用统一的数据维护模式，通过不同的系统入口进入，实现所有的数据维护。

1）数据库维护管理

该部分主要是采用多种灵活、便捷的方式来对系统进行上传、下载、删除及增减数据指标的维护。要求实现使系统具有可持续性和可扩展性的功能。

2）文献维护管理

该部分采用多种灵活、便捷的方式对系统的文献进行上传、修改及增减文献数据的维护。要求实现使系统具有可持续性和可扩展性的功能。

2. 模块功能维护

该部分主要是实现系统的数据库功能维护（修改数据库）、监测模块功能维护（修改监测内容及指标）、景气功能维护（修改预警指标及其他）、经济仿真及预测功能维护（修改模型及预测结果等）、投入产出功能维护（修改调整）、项目管理信息系统功能维护（修改调整指标及展现方式等）、统筹城乡综合配套改革系统维护（修改调整指标及展现方式等）、专家资源及成果发布维护（增减专家信息及研究成果等）。通过模块功能维护平台，能够实现系统的可持续性、可扩展性等。

3. 系统平台整合

1）系统展示平台设计

该部分的主要内容就是设计系统展示平台的布局、网页的风格及各个网页的具体情况等。

2）各功能模块操作后台整合

该部分的主要内容就是力争把各个系统的操作平台整合到一个系统平台中，便于操作人员对系统的维护及数据文档的更新等。

4. 用户权限管理

1）用户权限的分类

该部分的主要内容就是设计用户的权限等级及权限范围，同时研究用户如何确定用户权限等方式、方法。

2）各等级权限的实现

该部分就是按照用户权限的设计，运用计算机技术实现用户权限的管理功能。给不同的用户不同的权限，实现权限管理。

3.2　总 体 技 术

驾驶舱采用客户机（用户界面层）/Web 及应用服务器（应用服务层）/数据库服务器（数据层）的分层体系结构。应用架构基于 Browser/Server（浏览器/服务器，B/S）模式，客户端通过统一的 Web 浏览器界面访问整个系统，具有接口统一、访问简单、易维护、易升级、易扩充的特点。

3.2.1　驾驶舱的平台设计

驾驶舱基于 B/S 结构，客户端支持 Windows 系列操作系统，驾驶舱采用 Visual

Studio.NET 开发；服务器端采用 Windows 2000/2003 操作系统，使用 SQL Server 2012 为数据库管理系统，共同构成驾驶舱软件支撑平台。

1. SQL Server 2012 技术的优势

SQL Server 2012 可实现以 Web 标准为基础的扩展数据库编程功能。丰富的 XML 和 Internet 标准支持允许使用内置的存储过程以 XML 格式存储和检索数据，还可以使用 XML 更新程序容易地插入、更新和删除数据。其具体优势如下。

通过 Web 访问数据：有了 SQL Server 2012，可以使用 HTTP（hypertext transfer protocol，WWW 服务程序所用的协议）来向数据库发送查询、对数据库中存储的文档执行全文搜索，以及通过 Web 进行自然语言查询。

强大而灵活的基于 Web 的分析：SQL Server 2012 分析服务功能被扩展到了 Internet，可以通过 Web 浏览器来访问和控制多维数据。

使用 SQL Server 2012 可以获得非凡的可伸缩性和可靠性：通过向上伸缩和向外扩展的能力，SQL Server 2012 满足了苛刻的电子商务和企业应用程序要求。

向上伸缩：SQL Server 2012 利用了对称多处理器（symmetric multi processor，SMR）系统，SQL Server 企业版最多可以使用 32 个处理器和 64 吉字节 RAM。

向外扩展：向外扩展可以将数据库和数据负载分配给多台服务器。

可用性：通过增强的故障转移群集、日志传送和新增的备份策略，SQL Server 2012 达到了最大的可用性[6]。

Microsoft.NET 企业服务器的数据管理与分析中枢：SQL Server 2012 包括从概念到最后交付开发过程的工具。

集成和可扩展的分析服务：有了 SQL Server 2012，可以建立带有集成工具的端到端分析解决方案，从数据创造价值。此外，还可以根据分析结果自动驱动商业过程及从最复杂的计算灵活地检索自定义结果集。

快速开发、调试和数据转换：SQL Server 2012 具有交互式调节和调试查询、从任何数据源快速移动和转化数据，以及按 Transact-SQL 方式定义和使用函数等功能。可以从任意 Visual Studio 工具以可视化方式设计和编写数据库应用程序。

简化的管理和调节：使用 SQL Server 2012，可以很容易地在企业资源旁边集中管理数据库；可以在保持联机的同时在计算机间或实例间移动和复制数据库。

2. .NET Framework 基础平台

.NET Framework 是支持生成和运行下一代应用程序和 XML Web Services 的内部 Windows 组件。它按照工业标准生成所有通信，以确保基于.NET Framework 的代码可与任何其他代码集成。

.NET Framework 具有两个主要组件：公共语言运行库和.NET Framework

类库。公共语言运行库是.NET Framework 的基础。可以将运行库看作一个在执行管理代码的代理，它提供内存管理、线程管理和远程处理等核心服务，并且强制实施严格的类型安全，以及可提高安全性和可靠性的其他形式的代码准确性。事实上，代码管理的概念是运行库的基本原则。以运行库为目标的代码称为托管代码，而不以运行库为目标的代码称为非托管代码。类库是一个综合性的面向对象的可重用类型集合，可以使用它开发多种应用程序，这些应用程序包括传统的命令行或图形用户界面（graphical user interface，GUI）应用程序，也包括基于 ASP.NET 所提供的最新创新的应用程序（如 Web 窗体和 XML Web 服务）。

.NET Framework 可由非托管组件承载，这些组件将公共语言运行库加载到它们的进程中并启动托管代码的执行，从而创建一个可以同时利用托管和非托管功能的软件环境。.NET Framework 不但提供若干个运行库宿主，而且支持第三方运行库宿主的开发。

ASP.NET 是一个统一的 Web 开发模型，包括使用尽可能少的代码生成企业级 Web 应用程序所必需的各种服务。ASP.NET 作为.NET Framework 的一部分，当编写 ASP.NET 应用程序的代码时，可以访问.NET Framework 中的类。可以使用与公共语言运行库（common language runtime，CLR）兼容的任何语言来编写应用程序的代码，这些语言包括 Microsoft Visual Basic、C#、JScript.NET 和 J#。使用这些语言，可以开发利用具有公共语言运行库、类型安全、继承等方面优点的 ASP.NET 应用程序。由此，我们选择该工具作为驾驶舱开发 B/S 模式的核心开发工具[7, 8]。

3. 基于 Web 服务的分布模式

XML（extensible markup language，可扩展标记语言）是 Internet 上数据表示和数据交换的新标准。它是国际标准化组织（*International Organization for Standardization，ISO*）的通用标记语言标准（Standard for General Markup Language，SGML）的一个简化子集。XML 关注信息本身，是 Web 上表示结构化信息的一种标准文本格式。与传统的注重页面信息显示的超文本链接标示语言（hypertext markup language，HTML）相比，关注于内容的 XML 具有以下诸多优点[9]：良好的可扩展性，语言简单有效，可自行定义标记；内容与形式分离，主要刻画数据内容，不考虑显示效果；有严格的语法要求，便于分析统一和与数据库信息转换；便于传输，为纯文本形式，可通过 HTTP 协议直接传输，可跨越防火墙；等等。XML 的出现和发展对 Internet 和 Intranet 产生了巨大的影响。

在 XML 基础上发展起来的 Web 服务是一种革命性的分布式计算技术。它使用基于 XML 的消息处理作为基本的数据通信方式，消除使用不同组件模型、操作系统和编程语言的系统之间存在的差异，使异类系统能够作为计算网络的一部分协同运行。开发人员可以使用像过去创建分布式应用程序时使用组件的方式，创建由各种来源的 Web 服务组合在一起的应用程序。由于 Web 服务建立在一些通用协议的基础上，如 HTTP（hypertext transfer protocol，WWW 服务程序所用的协议），SOAP（simple object access protocol，简单对象访问协议），XML，WSDL（web services description language，Web 服务描述语言），UDDI（universal description，discovery，and integration，通用描述发现和集成协议）等，这些协议在涉及操作系统、对象模型和编程语言的选择时，没有任何倾向，因此 Web 服务将会有很强的生命力。

在软件系统的开发过程中，系统集成主要实现系统各部分（模块）之间的通信和整合，将相对分散的子系统组成一个统一的整体，实现子系统间的功能控制和信息交互与共享。基于网络的系统集成技术已有很多，如 DCOM（distributed component object model，分布式组件对象模型）、CORBA（common object request broker architecture，公用对象请求代理程序体系结构）和 Java RMI（Java remote method invocation，Java 远端函数调用）等。但是这些传统的集成技术在很大程度上受到网络环境的限制，大多使用专有协议通过特别的端口进行远程通信，不能很好地支持客户段和服务器通过 Internet 进行通信。

基于 Web 服务的集成技术作为一种新的面向函数和方法的应用集成技术，在很大程度上解决了原有集成技术在 Internet 远程通信方面的问题。Web 服务基于 XML 文档进行服务描述、服务请求和反馈结果，可以在 Internet 上通过 HTTP 协议进行传递，且很容易地被访问和返回结果。同时，由于 Web 服务的相关标准都是 W3C 的开放协议，与平台和操作系统无关，不同的平台和操作系统上的 Web 服务的实现在很大程度上可以做到互操作，这就使异构平台上应用的集成变得很容易。此外，过去使用的基于 RPC（remote procedure call，远程过程调用）和 API（application programming interface，程序编程接口）的集成技术都是一种函数级的静态解决方案（即使它们在客户机和服务器通信时使用 XML）；Web 服务则是一种动态的集成方案，所有的服务都可以通过 UDDI 标准动态地被发现、绑定和使用，容易适应系统的变动，提高系统的灵活性和伸缩性[9]。

使用 Web 服务技术进行系统集成和过去使用其他面向函数和方法的技术进行集成类似：在进行初始设计的时候主要考虑不同应用之间、系统不同模块之间消息及数据传递的需求；根据具体需求设置相应的接口，描述接口特性；针对不同应用的平台选择相应的 Web 服务组件，进行相应设置；实现不同应用的接口，进行相应调试；实际运行中，应用程序间进行协同调试。

3.2.2 驾驶舱的安全设计

驾驶舱作为一个综合集成的信息系统，应该从多个方面保障其安全性。

1. 主机系统（操作系统）安全

应用服务器主机的操作系统在安全性上应该能够达到 C2 安全级别。

系统应具备访问权限的识别和控制功能，对系统管理员必须授予不同级别的管理权限，保证只有被授权的人员或系统可以访问某种功能，获取系统数据，有非法访问或系统安全受到破坏时必须发出警告。系统应具有日志功能，以便掌握系统的运行状态。此外，系统还应具备审计功能。

2. 网络通信安全

系统应具备访问控制、安全检测、攻击监控、加密通信等一系列安全功能。

3. 应用系统安全

应用系统的用户管理、权限管理应充分利用操作系统和数据库的安全性，在整合其他系统的基础上，能统一应用系统用户的权限和访问控制。应用软件运行时须有完整的日志记录。应用软件要防止消耗过多的系统资源而使系统崩溃。

4. 防火墙和数据安全

整个系统应在现有防火墙的安全保护下。

系统应采用先进的存储系统来存储数据，存储系统应具有很好的扩展性。系统应具有完备的数据备份机制和数据恢复机制，备份系统应能够与存储系统有效结合。备份系统应支持全备份、增量备份、差异备份等多种备份策略。备份系统须保证数据的一致性、备份数据的可恢复性，对系统数据仓库提供实时备份。

3.2.3 驾驶舱的结构设计

驾驶舱既有物理结构，也有其逻辑结构，物理结构是构成驾驶舱的硬件的结构模式，逻辑结构是实施软件部署的层次结构和实现方式。

1. 驾驶舱的物理结构

驾驶舱在功能上主要分为后台经济预警数据管理和前台数据查询。驾驶舱的物理结构图如图 3.3 所示。

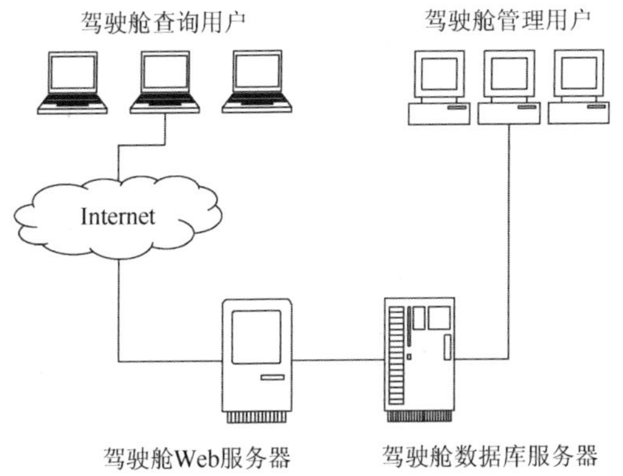

图 3.3　系统物理结构示意图

对于管理系统用户，为了数据维护的高效性，通过客户端软件以 Client/Server（客户机/服务器，C/S）方式对数据库进行维护管理。

对于查询系统用户，无须安装客户端软件，通过浏览器以 B/S 方式实现数据的查询。

2. 驾驶舱的逻辑结构

驾驶舱的逻辑结构采用目前比较成熟的三层结构：数据层、业务逻辑层、表现层，如图 3.4 所示。

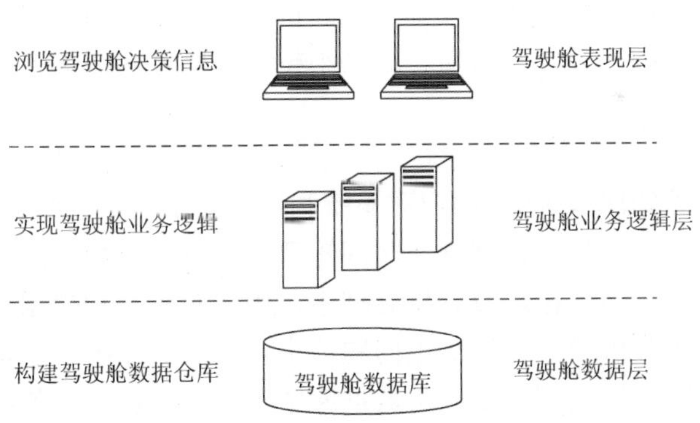

图 3.4　系统的逻辑结构示意图

数据层为数据库管理系统，负责数据的物理存储，与数据操作层通过标准 SQL 语句进行通信，完成数据操作层的数据操作指令并返回操作结果。业务逻辑层负责完成针对数据对象的操作，维护数据对象的逻辑完整性。表现层接受用户的界面操作，调用业务逻辑层的模块实现数据的操作，并根据返回结果展示给用户相应的界面。

系统最大的优势是数据层拥有开放式接口，可根据用户的个性化需求加载不同类型的信息，以便一体化整合用户内部、外部的数据资源；同时，基础平台的开放式接口有效保证了系统应用的可扩展性，用户可根据业务需求变动随时增加分析专题、景气预警及计量模型。

3.3　数 据 仓 库

建立数据仓库能充分利用已有的数据资源，把数据转换为信息，从中挖掘出知识，提炼成资源，最终创造出效益。因此，越来越多的企业开始使用数据仓库。

数据仓库把来自多个系统的数据集成起来，形成一个可靠的、一致的、不断更新的信息集合。在大多数情况下，它们直接采用大规模关系型数据库，以及传统关系型报表和查询工具的形式。

数据挖掘和数据仓库作为决策支持新技术在近十年来得到迅速发展。作为数据挖掘对象的数据仓库的产生和发展为数据挖掘技术开辟了新的战场，同时也提出了新的要求和挑战。数据仓库和数据挖掘是结合起来一起发展的。

3.3.1　传统数据库与数据仓库

传统数据库在联机事务处理（on-line transaction processing，OLTP）中取得了较大的成功，但是，基于事务处理的数据库在帮助决策分析时却产生了很大的困难，其主要原因是传统数据库的处理方式和决策分析中的数据需求不相称，导致传统数据库无法支持决策分析活动。这些不相称主要体现在如下几个方面[10]。

1. 决策处理响应的问题

在传统的业务处理系统中，用户对系统和数据库的要求是数据存取频率要高，操作时间要快。由于用户对数据操作时间短暂，系统在多用户的情况下，也可保持较短的系统响应时间。在决策分析处理中，用户对系统和数据的要求发生了很大的变化。在决策分析中，有的决策问题请求可能导致系统长达数小时地运行，有的决策分析问题的解决则需要遍历数据库中大部分数据，这就必定消耗大量的系统资源，而这些是联机处理系统所无法承担的。

2. 决策数据需求的问题

在进行决策分析时，需要有全面、正确的集成数据，这些集成数据不仅包含企业内部各部门的有关数据，而且要包含企业外部的甚至竞争对手的相关数据。但是在传统数据库中只存储了本部门的事务处理数据，而没有与决策问题有关的集成数据，更没有企业外部数据，如果将数据的集成问题交给决策分析程序解决，将大大增加决策分析系统的负担，使原先执行时间冗长的系统运行时间进一步延长，用户将更加难以接受，而且每次用户进行决策分析，都需要进行一次数据的集成，这将极大地降低系统运行效率。如果数据库能够完成数据的集成，就可以大大提高系统的运行效率。

在决策分析中，系统常常需要从数据库中抽取数据、查找有用的数据，然后将这些数据置于其他文件或数据库中，供用户使用。这些被抽取出来的数据，有可能被其他用户再次抽取。由于这种不加限制的数据连续抽取，企业的数据空间构成一个错综复杂的数据“蜘蛛网”，即形成了自然演化体系结构。这个数据“蜘蛛网”中，有可能两个节点上的数据来自同一个原始数据库。但是由于数据抽取的时间基准、抽取办法、抽取级别等方面的差异，有可能这两个节点的数据不一致。这样，面对同一问题的决策分析，由于数据的出发基准不同，会出现截然相反的答案。也就是说，决策分析过程中所形成的自然演化体系，造成数据可信度降低，必然导致数据转化为信息的不可行与不可信，使企业无法将大量宝贵的信息资源转化为企业的核心竞争力。

数据的集成还涉及外部数据与非结构化数据的应用问题，决策分析中经常用到系统外数据，且这些数据必须经过格式、类型的转换，才能被决策系统应用。许多系统在对数据进行一次集成以后，就与原来的数据源断绝了联系。这样在决策分析中，所分析的数据可能是几个月前甚至是一年以前的，其必然导致决策的失误。因此在决策分析系统中要求数据能够进行定期更新，数据的更新周期可能是一天，也可能是一周。而传统数据库系统缺乏数据动态更新的能力。

为完成事务处理，传统数据库中的数据一般只保留当前的数据。但是对于决策分析而言，历史上的、长期的数据却具有更重要的意义。利用历史数据可对未来的发展进行正确的预测，而传统的数据库却无法长期保留大量的历史数据。

在决策分析过程中，决策人员需要的往往并不是非常详细的数据，而是一些经过汇总、概括的数据。但在传统数据库中为支持日常的业务处理需要，只保留一些非常详细的数据，这对决策分析十分不利。

3. 决策数据操作的问题

在对数据的操作方式上，业务处理系统远远不能满足决策人员的需要。业务处理系统的结构基本上是一种典型的结构体系，操作人员只能使用系统所提供的有限参数进行数据操作，用户对数据的访问受到很大的限制。而决策分析人员对数据的操作则希望以专业用户的身份，而不是参数用户的身份进行。他们往往希望用各种工具对数据进行多种形式的操作，希望将数据操作的结果以商业智能的方式表达出来。传统的业务处理系统只能以标准的报表方式为用户提供信息，用户很难理解信息的内涵，从而无法正确地用于管理决策。

系统响应问题、决策数据需求问题和决策数据操作问题的存在，导致企业无法使用现有的业务处理去满足决策分析的需要。因此，决策分析需要一个能够不受传统事务处理的约束，高效率处理决策分析数据的支持环境，数据仓库是可满足这一要求的数据存储和数据组织技术。

3.3.2　数据仓库的技术设计

数据仓库是面向不同决策问题的，而经济预警所需要的数据有其特殊性，因此要做出符合驾驶舱需要的数据仓库设计。

1. 数据仓库的定义

数据仓库是一个面向主题的、集成的、不可更新的、随时间不断变化的数据集合，它用以支持企业或组织的决策分析处理[11]。

数据仓库虽然是从数据库发展而来的，但是两者在许多方面存在着相当大的差异，如表 3.1 所示。从数据存储内容看，数据库只存放当前值，而数据仓库则存放历史值；数据库中数据是面向业务操作人员的，为业务处理人员提供信息处理的支持，而数据仓库则是面向中高层管理人员的，为其提供决策支持。数据库内数据是动态变化的，只要有业务发生，数据就会被更新，而数据仓库则是静态的历史数据，只能定期添加、刷新。数据库中的数据结构比较复杂，有各种结构以满足业务处理系统的需要，而数据仓库中数据的结构则相对简单。数据库中数据访问频率较高，但访问量较少，而数据仓库的访问频率较低，但访问量却远高于数据库的访问量。数据库在访问数据时要求响应速度快，其响应时间一般在几秒内，而数据仓库的响应时间则可长达数小时。

表 3.1　数据库与数据仓库的比较

对比内容	数据库	数据仓库
数据内容	当前值	历史的、存档的、归纳的、计算的数据
数据目标	面向业务操作程序，重复处理	面向主题域，分析应用
数据特性	动态变化，按字段更新	静态、不能直接更新，只能定时添加、刷新
数据结构	高度结构化、复杂，适合操作计算	简单、适合分析
使用频率	高	中到低
数据访问量	每个事务只访问少量记录	有的事务可能需要访问大量记录
对响应时间的要求	以秒为单位	时间长

2. 数据仓库的特征

下面简要讨论数据仓库的四个基本特征[10-12]。

1）数据仓库的数据是面向主题的

与传统数据库面向事务处理应用进行数据组织的特点相对应，数据仓库中的数据是面向主题进行组织的。

所谓主题，是一个抽象的概念，是在较高层次上将企业信息系统中的数据综合、归类并进行分析利用的抽象；在逻辑意义上，它对应企业中某一分析领域所涉及的分析对象。

主题在数据仓库中是由一系列表实现的。一个主题之下表的划分可以按数据的综合、数据所属时间段进行。但基于一个主题的所有表无论如何都含有一个称为公共码键的属性作为其主码的一部分，公共码键将一个主题的各个表联系起来。同时，由于数据仓库中的数据都是同某一时刻联系在一起的，所以每个表除了其公共码键之外，还必然包括时间成分作为其码键的一部分。

主题在数据仓库中可用多维数据库方式进行存储。如果主题的存储量大，用多维数据库存储时，处理效率将降低。为提高处理效率，可以采用关系数据库方式进行存储。应该注意主题只是逻辑上的概念，一个主题在数据仓库中存储时可能需要几个表来实现。此时，这些表之间的联系需要通过表的主键来实现，这些主键就构成了主题的公共主键。实际存储的主题数据是需要经过综合处理的（不再是业务处理系统中的详细数据）。由于数据仓库的数据存储容量巨大，应该根据用户对主题中不同表的关心程度分别存储在不同的存储设备中。一般将年代久远的、细节性的、查询概率低的数据存储在磁带等慢速存储设备上，将近期的、综合的、查询概率高的数据置于磁盘等高速存储设备上。

主题的划分必须保证每个主题的独立性。也就是说，每一个主题要具有独立的内涵、明确的界限。在划分主题时，需要保证对主题进行分析时所需要的数据都可以在此主题内找到。对主题进行分析时，涉及主题外的其他数据就要考虑将这些数据组织到主题中，以保证主题的完备性。

由于主题是在较高层次上的数据抽象，这就使面向主题的数据组织可以独立于数据的处理逻辑，可方便地在这种数据环境上进行管理决策的分析处理。

2）数据仓库的数据是集成的

数据仓库的集成性是指根据决策分析的要求，将分散于各处的源数据进行抽取、筛选、清理、综合等集成工作，使数据仓库中的数据具有集成性。

数据仓库所需要的数据不像业务处理系统那样直接从业务发生地获取，而是从与业务处理发生直接联系的业务处理系统那里获取（如传统的以 C/S 为基本框架的联机事务处理系统、从早期的事务处理系统发展起来的企业业务流程重组及基于 Internet 的电子商务）。这些业务处理系统中的数据往往与业务处理联系在一起，只为业务的日常处理服务，而不是为决策分析服务。这样，数据仓库在从业务处理系统那里获取数据时，并不能将原数据库中的数据直接加载到数据仓库中，而是需要进行一系列的数据预处理，即数据的抽取、筛选、清理和综合等集成工作。也就是说，先要从源数据库中挑选出数据仓库所需要的数据，然后将这些来自不同数据库中的数据按照标准进行统一，即将数据源中数据的单位、字长与内容统一起来，将源数据中字段的同名异义、异名同义现象消除掉。

在将源数据加载进数据仓库后，即源数据装入数据仓库后，还需要将数据仓库中的数据进行某种程度的综合，即根据决策分析的需要对这些数据进行概括和聚集处理。

3）数据仓库是随时间变化的

数据仓库的数据是随时间不断变化的，这一特征表现在以下几方面。

（1）数据仓库随时间变化不断增加新的数据内容。数据仓库系统必须不断捕捉联机事务处理数据库中新的数据，追加到数据仓库中去，即要不断地生成联机事务处理数据库的快照，经统一集成后增加到数据仓库中去；但对每次的数据库快照而言则是不再变化的。

捕捉到的新数据只是又生成一个数据库的快照增加进数据仓库，而不会覆盖原来的快照。

（2）数据仓库随时间变化不断删去旧的数据内容。数据仓库的数据也有存储期限，一旦超过了这一期限，过期数据就要被删除。只是数据仓库内的数据时限要远远长于纯用于操作型数据的时限。

（3）数据仓库中包含大量的综合数据，这些综合数据中很多与时间有关，如数据按照某一时间段进行综合，或隔一定的时间段进行抽样等，这些数据就会随着时间的变化不断地进行重新综合。

4）数据仓库是不可更新的

数据仓库中的数据不可更新是指数据仓库的用户进行分析处理时是不进行数据更新操作的，但并不是说在数据仓库的整个生存周期中数据集是不变的。

数据仓库主要是供决策分析用的，所涉及的数据操作主要是数据查询，一般情况下并不进行修改操作。数据仓库存储的是相当长一段时间内的历史数据，是不同时点数据库快照的集合，以及基于这些快照进行统计、综合和重组的导出数据，不是联机处理的数据。因而，数据一经集成进入数据库后是极少（或根本不）更新的，是相对稳定的。

数据仓库组织的根本目的在于对决策的支持。不同层次的管理人员均可利用数据仓库进行决策分析，提高自己工作的管理决策质量和效果。因此，在数据仓库的实际应用中，其用户有高层的企业决策者、中层的管理者和基层的业务处理者。

企业管理者已经不满足于由信息管理部门所提供的静态报告。由于信息管理部门中的信息技术人员缺乏业务决策者所特有的敏锐的商业洞察力和业务知识，无法为管理决策者提供有利于管理决策的信息；而管理决策者可从貌似平淡的数据中敏锐地发现众多的商机。因此，单纯地依靠信息管理部门提供信息已经不能满足管理决策的需要。数据仓库为决策者对数据的自我分析提供了便利，是辅助决策分析的有力工具。

3. 数据仓库的设计

驾驶舱的数据仓库采用目前应用很广泛的关系数据库产品 SQL Server 2012，对关系数据库进行 BKR 设计形成数据仓库环境。

我们将数据仓库按 BKR 模型设计成三个层次，即 B 层、K 层和 R 层。B 层为基础业务数据层，主要存放基础业务数据，是数据仓库的数据基础和数据缓冲。数据仓库的数据通过数据抓取汇集到 B 层，这种抓取是定期抓取，不是实时抓取，数据抓取到 B 层之后通过数据整合到 K 层；K 层是关键指标层，K 层的数据一般只与 B 层的数据打交道，而且只从 B 层获取数据，这种获取的方式是累加的，它与 B 层的数据的区别也在于此，K 层和 B 层的关系是 $K = f(B,K')$，$f(\cdot)$表示数据来源关系，K'表示是 K 层的数据，即表示 K 层的数据可以从 B 层直接整合而来，也可以是从 K 层本身整合或者从二者整合而来；R 层是灵活应用层次，其数据也是从 B 层或者 K 层整合的，其主要服务对象是报表等应用。

特别说明：K 层数据和 R 层数据，最好从 B 层数据直接计算获得。K 层数据之间可以相互计算；R 层数据可以从 B、K 层数据计算获得；R 层数据之间或 R 层数据内部不能彼此计算。

它们的计算关系可以用如下表达式表示：

$$K=f(B,K'),\ R=f(B,K),\ f(\cdot)\text{表示函数关系}$$

数据中心层次如表 3.2 所示。

表 3.2　数据中心层次图

层次	说明	关系
R 层	灵活应用层次	$R=f(B,K)$
K 层	关键指标层次	$K=f(B,K')$
B 层	基础业务数据层，主要存放初步整理的基础业务数据	业务数据的初步整合

每个分析主题均对应一个 K 层的基表，但是 K 层的基表数据量庞大，不利于

在线查询分析。我们在K层基表的基础上定义数据的维度、粒度属性，建立数据汇集路径，然后使用工具将建立好的模型自动生成数据立方体和数据管理中心，这样将K层的基表衍生为一个菱形的数据表体系，然后通过数据管理中心智能搜索数据，就是将数据的维度、粒度和数据的定位做对应，即根据数据的维度和粒度智能搜索其最优的数据定位，以提高查询分析的效率。

数据中心构架是由业务数据源、数据抽取、数据加工和数据仓库构成的，业务数据由数据抽取工具经过数据抽取，然后按统一口径、统一的字典标准清理加工整合到数据仓库，数据仓库构架如图3.5所示。

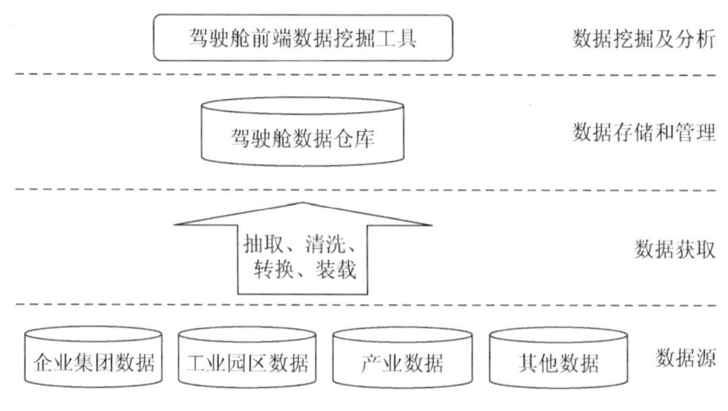

图3.5　数据仓库构架设计

1）数据源

在驾驶舱数据仓库系统中，数据源来自大型企业集团、工业园区、各个产业和其他相关数据，包括微观经济和宏观经济的数据。这些数据有数据库文件、文本文件、Excel文件等，是整个数据仓库的数据来源。

2）数据获取

数据获取层完成数据从原业务操作系统到数据仓库系统的数据抽取、转换和装载（extract，transform，load，ETL），从各个数据源中获取源数据，进行必要的清洗、转换、综合之后，加入到驾驶舱的数据仓库中。

3）数据存储和管理

数据仓库系统的目标数据库采用SQL Server 2012作为数据仓库管理系统，使用星型模式建立数据模型。

4）数据挖掘及分析

建立数据仓库的目的是为管理者和决策者提供各种类型的数据分析，数据仓库集成了驾驶舱用于决策支持和分析的各类数据后，就能够在这个统一和有效的数据基础上进行数据挖掘。

3.3.3　联机分析与数据挖掘

数据仓库分析工具与数据仓库具有同等重要的作用。数据仓库分析工具是数据仓库系统的重要组成部分。

20 世纪 80 年代，随着数据库技术的发展，人们开发了一整套以数据库管理系统（database management system，DBMS）为核心的第四代开发工具产品，如 FORMS、REPORTS、MENUS 和 ORAPHICS 等。这些第四代开发工具有效地帮助了应用开发人员快速建立数据库应用系统，使数据库技术获得广泛的应用，有效地支持了联机事务处理的应用。由此，人们也进一步认识到，仅有引擎（DBMS）是不够的，数据分析工具同样重要。

1. 联机分析处理及工具

联机分析处理是不同于联机事务处理的一类应用。它专门设计用于支持复杂的分析操作，侧重对分析人员和高层管理人员的决策支持，可以应分析人员的要求快速、灵活地进行大数据量的复杂查询处理，是以一种直观易懂的形式将查询结果提供给决策制订人，以便他们准确掌握企业（公司）的经营状况，了解市场需求，制订正确方案，增加效益[13]。

联机分析处理以它先进的分析功能和以多维形式提供数据的能力，正作为一种支持企业关键商业决策的解决方案而迅速崛起。

在联机分析处理中，特别应指出的是多维数据视图的概念和多维数据库（multidimensional database，MD）的实现。维度是人们观察现实世界的角度，决策分析需要从不同的角度观察分析数据，以多维数据为核心的多维数据分析是决策的主要内容。早期的决策分析程序中分析方法和数据结构是紧密捆绑在一个应用程序当中的，因此，对数据施加不同的分析方法就显得十分困难。

在实际应用中，联机分析处理常常包括对数据的相互查询，这项活动发生在通过多种途径的一系列分析之后，如对底层细节的进一步挖掘。用户对这种多维数据模型的操作比对其他数据模型的操作要容易和直观。例如，用户可在模型中切片、切块以及绕一定轴线旋转等。

OLAP 是一种数据分析技术，须具有以下功能特征[13,14]。

1）多维逻辑视图

给出数据仓库中数据的多维逻辑视图，其视图应独立于数据存储的具体形式。具有多维数据存储引擎，按阵列存储数据，这些阵列是各应用维度的逻辑表示。

2）交互式查询

一般应包含交互式查询和对数据的分析。交互式查询通常有多种方式，如细剖较低层的详细数据或统揽较高层的概括性和聚集数据。生成概括数据、聚集和层次，并在每一条线的交叉点上对聚集和概括级别进行审计。检查并显示二维或三维表格和图形中的数据，并且能容易地变换基准轴。这一点是很重要的，因为用户需要从不同角度分析数据，并且分析一个侧面的数据时产生的问题可能需在另一个侧面中检验。快速响应查询，以避免分析过程被中断，或查询的信息是过时的。

3）建模功能

提供分析的建模功能，包括可以产生比率、变量等的计算引擎，有关的度量或跨多维的数字数据。支持功能模型以进行预测、趋势分析和统计分析。

目前，联机分析处理工具产品的实现可分为两大类：一类是基于多维数据库的，另一类是基于关系数据库的[15]。两者相同之处是基本数据源仍是基于关系数据模型的，向用户呈现的也都是多维数据视图。不同之处是前者把分析所需的数据从数据库或数据仓库中抽取出来，物理地组织成多维数据库；后者则利用关系表来模拟多维数据，并不物理地生成多维数据库。

2. 数据挖掘技术和工具

数据挖掘是从超大型数据库或数据仓库中发现并提取隐藏在内部的信息的一种新技术。目的是帮助决策者寻找数据间潜在的关系，发现被经营者忽略的要素，而这些要素对预测趋势、决策行为也许是十分有用的信息。

数据挖掘是解决当前“数据太多，信息不足”问题的技术。

数据挖掘和知识发现（knowledge discovery in database，KDD）的确切定义有混淆。

1）数据挖掘

严格来说，数据挖掘可定义为：应用一系列技术从大型数据库或数据仓库的数据中提取人们感兴趣的信息和知识，这些知识或信息是隐含的、事先未知而潜在有用的，提取的知识表示为概念、规则、规律、模式等形式。

一般情况下，数据挖掘的对象定义为数据库。更广义的说法是从事实或观察数据的集合中寻找模式。数据挖掘的对象不仅是数据库，也可以是文件系统或其他任何组织在一起的数据集合（如 WWW 信息资源、数据仓库）。

与数据挖掘和知识发现关系密切的研究领域包括归纳学习、机器学习和统计（statistics）分析，特别是机器学习被认为和数据挖掘的关系最密切。二者的主要区别在于：数据挖掘的任务是发现可以理解的知识，而机器学习关心的是提高系统的性能，因此训练神经网络来控制一根倒立棒是一种机器学习过程但不是数据挖掘；数据挖掘的对象是大型的数据库，一般来说机器学习处理的数据集要小得多，因此效率问题对数据挖掘是至关重要的。

2）知识发现过程

知识发现过程由三个主要的阶段组成：①数据准备；②数据挖掘；③结果表述和解释。知识的发现可以描述为这三个阶段的反复过程。

数据挖掘涉及数据库技术、人工智能技术、机器学习、统计分析等多种技术，它使决策支持系统（decision support system，DSS）跨入一个新阶段。传统的 DSS 通常是在某个假设的前提下通过数据查询和分析来验证或否定这个假设；而数据挖掘技术则能够自动分析数据，进行归纳性推理，从中挖掘出数据间潜在的模式，或产生联想，建立新的业务模型帮助决策者调整市场策略，找到正确的决策。

数据仓库技术把决策分析中数据结构和分析方法相分离，如此才可能研制出通用而灵活的分析工具，使分析工具的产品化成为可能。

综上所述，数据仓库系统是多种技术的综合体，它由数据仓库、数据仓库管理系统（data warehouse management system，DWMS）、数据仓库工具三个部分组成，如图 3.6 所示[11]。

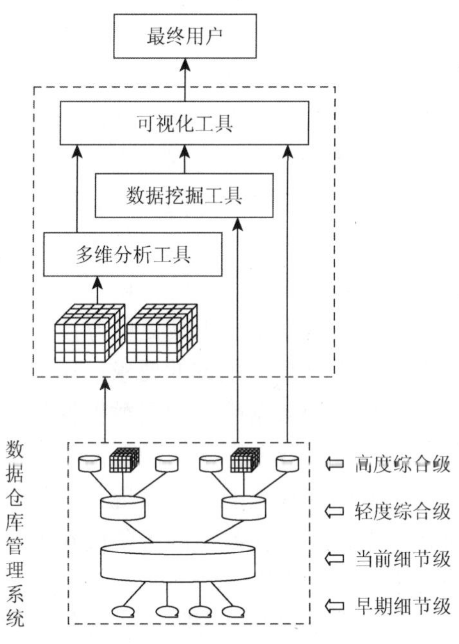

图 3.6　数据仓库体系结构图

在整个系统中，数据仓库居于核心地位，是信息挖掘的基础；数据仓库管理系统负责管理整个系统的运转，是整个系统的引擎；而数据仓库工具则是整个系统发挥作用的关键，只有通过高效的工具，数据仓库才能真正发挥出数据宝库的作用。

3.3.4 数据仓库与数据挖掘

数据仓库与数据挖掘既有联系也有区别，在宏观经济信息管理驾驶舱中既需要数据仓库，也需要数据挖掘。

1. 数据仓库与数据挖掘的联系

数据挖掘和数据仓库作为决策支持新技术，在近十年来得到了迅速发展。数据仓库和数据挖掘是结合起来一起发展的，二者是相互影响、相互促进的。二者的联系可以概括为以下几点。

（1）数据仓库为数据挖掘提供更好的、更广泛的数据源。

数据仓库中集成和存储着来自异质的信息源的数据，而这些信息源本身就可能是一个规模庞大的数据库。同时数据仓库存储了大量长时间的历史数据，这就可以进行数据长期趋势的分析，为决策者的长期决策行为提供支持。

数据仓库中的数据在时间轴上的纵深性是数据挖掘不能回避的又一个新难点。

（2）数据仓库为数据挖掘提供新的支持平台。

数据仓库的发展平台不仅为数据挖掘开辟了新的空间，更对数据挖掘技术提出了更高的要求。数据仓库的体系结构努力保证查询和分析的实时性。数据仓库一般设计成只读方式，数据仓库的更新由专门的一套机制保证。数据仓库对查询的强大支持使数据挖掘效率更高，开采过程可以做到实时交互，使决策者的思维保持连续，有可能开采出更深入、更有价值的知识。

（3）数据仓库为更好地使用数据挖掘工具提供方便。

数据仓库的建立，充分考虑到数据挖掘的要求。用户可以通过数据仓库服务器得到所需的数据，形成开采中间数据库，利用数据挖掘方法进行开采并获得知识。数据仓库为数据挖掘集成了企业内各部门的全面的、综合的数据，数据挖掘要面对的是关系更复杂的企业全局模式的知识发现；数据仓库机制大大降低了数据挖掘的障碍，一般进行数据挖掘要在数据准备阶段花大量的精力。数据仓库中的数据已经被充分收集起来，进行了整理、合并，有些还进行了初步的分析处理，使数据挖掘的注意力能够更集中于核心处理阶段。另外，数据仓库对数据不同粒度的集成和综合，更有效地支持了多层次、多种知识的开采。

（4）数据挖掘为数据仓库提供更好的决策支持。

企业领导的决策要求系统能够提供更高层次的决策辅助信息。从这一点上讲，基于数据仓库的数据挖掘能更好地满足高层战略决策的要求。数据挖掘对数据仓库中的数据进行模式抽取和知识发现，这些正是数据仓库所不能提供的。

（5）数据挖掘对数据仓库的数据组织提出更高的要求。

数据仓库作为数据挖掘的对象，要为数据挖掘提供更多、更好的数据。其数据的设计、组织都要考虑到数据挖掘的一些要求。

（6）数据挖掘还为数据仓库提供广泛的技术支持。

数据挖掘的可视化技术、统计分析技术等都为数据挖掘提供了强有力的技术支持。

总之，数据仓库在纵向和横向都为数据挖掘提供了更广阔的活动空间。数据仓库完成数据的收集、集成、存储、管理等工作，数据挖掘面对的是经初步加工的数据，使得数据挖掘能更专注于知识的发现。数据仓库所具有的新特点，对数据挖掘技术提出更高的要求。另外，数据挖掘为数据仓库提供了更好的决策支持，同时促进了数据仓库技术的发展。可以说，数据挖掘和数据仓库技术要充分发挥潜力，就必须结合起来。

2. 数据仓库与数据挖掘的区别

数据仓库是一种存储技术，它的数据存储量是一般数据库的百倍，它包含大量的历史数据、当前的详细数据及综合数据，能为不同用户的不同决策需要提供所需的数据和信息。

基于数据库技术的 DSS 解决方案技术的进步，人们终于找到基于数据库技术的 DSS 的解决方案，这就是：

DW+OLAP+DM=DSS 的可行方案

数据仓库、联机分析处理和数据挖掘是作为三种独立的信息处理技术出现的。数据仓库用于数据的存储和组织，联机分析处理集中于数据的分析，数据挖掘则致力于知识的自动发现。它们都可以分别应用到信息系统的设计和实现中，以提高相应部分的处理能力。但是，由于这三种技术内在的联系性和互补性，它们结合起来即是一种新的 DSS 构架。这一构架以数据库中的大量数据为基础，其特点主要体现在以下几方面。

（1）在底层的数据库中保存大量的事务级细节数据。这些数据是整个 DSS 系统的数据来源。

（2）数据仓库对底层数据库中的事务级数据进行集成、转换、综合，重组成面向全局的数据视图，为 DSS 提供数据存储和组织的基础。

（3）联机分析处理从数据仓库中的集成数据出发，构建面向分析的多维数据模型，再使用多维分析方法从多个不同的视角对多维数据进行分析、比较，分析活动从以前的方法驱动转向数据驱动，分析方法和数据结构实现分离。

（4）数据挖掘以数据仓库和多维数据库中的大量数据为基础，自动地发现数据中的潜在模式，并以这些模式为基础自动地做出预测。

数据挖掘表明知识就隐藏在日常积累下来的大量数据之中，仅靠复杂的算法和推理并不能发现知识，数据才是知识的真正源泉。数据挖掘为人工智能技术指出一条新的发展道路。

3.4　经济监测集成模式

经济信息分析监测是宏观经济信息管理驾驶舱的一个重要组成部分，通过分析监测发现经济运行过程中存在的问题，为经济决策提供依据。

在国民经济系统中，工业是最为重要也是最为复杂的子系统，我们把分析监测的重点放在对工业经济的分析上。当然，本章所提出的分析方法、分析流程和分析模型也同样适用于对其他经济指标的分析。

经济监测集成模式如图 3.7 所示。

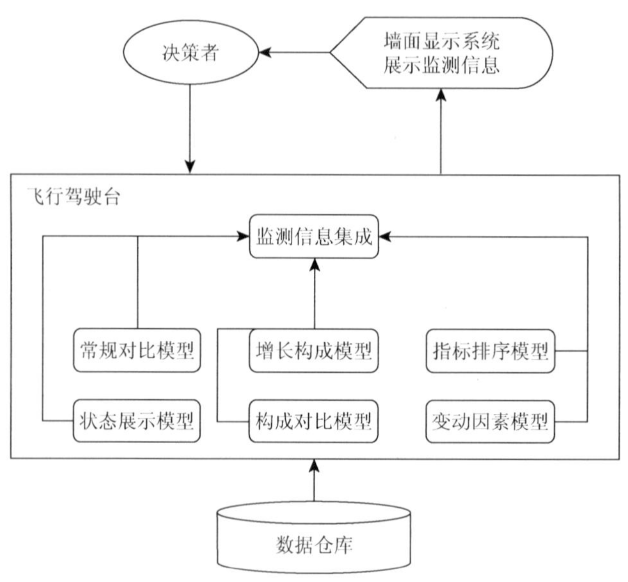

图 3.7　经济监测集成模式

管理驾驶舱的飞行驾驶台具有经济运行监测的功能，经济监测模式包含状态展示模型、常规对比模型、构成对比模型、增长构成模型、指标排序模型和变动因素模型等，通过从数据仓库抽取数据，决策者选择各种监测模型分析数据，得到对现实经济运行状况的监测信息，将各种监测模型的信息集成在一起，实现监测信息集成，送到驾驶舱墙面显示系统展示，供决策者分析当前经济运行状况。

3.4.1　分析重点

工业的庞大和复杂决定了工业经济运行分析的内容也是相当广泛的。在分析时，如果一味追求面面俱到、无所不包，就会抓不住重点，使分析工作变得困难而杂乱。因此，开展工业经济运行状况分析应力求简洁明了、注意关键、突出重点。归纳起来，工业经济运行分析主要应从以下几个方面进行[21]。

1. 工业生产

工业生产是工业企业存在的基础。没有生产，工业企业就不可能有产品；没有产品，工业企业就没有为社会服务的前提条件，工业企业也就无需存在[16]。就工业生产方面的情况而言，一是要从工业生产总量，如工业总产值、增加值等方面，了解工业生产规模的大小。二是要从工业生产总量，主要是工业总产值、增加值等方面的增减变化，了解生产规模是扩大还是缩小，并由其增减变化的幅度了解工业生产变化的快慢状态，即了解工业生产是加快增长（减少），还是平衡增长（减少），还是放慢增长（减少）等情况。三要将本级行政区域的工业生产总量指标及速度指标放在上一级更大范围中进行比较分析，掌握本级行政区域工业生产与其他同级行政区域之间的差异。四要从工业增加值与工业总产值的比较中，了解工业增加值增长率的变化，掌握工业投入产出的变化情况。五要从主要工业产品的统计中，以及各类产品的总量及其增减情况，了解各类工业品满足市场、社会需要的程度，以及相关产品的关系等。六要从各行业统计中，了解各行业的生产状况、变化特征和对总体生产的影响。七要从各经济类型企业群体统计中，了解各经济类型企业群体的生产状况、变化特征和对总体生产的影响。八要从各地区统计中，了解各地区工业生产状况、变化特征和对总体生产的影响等[17]。

2. 工业销售

工业销售是工业企业实现为社会服务、满足市场需要的必要过程。没有销售，工业企业就不可能将生产的产品提供给社会而满足市场需要；没有销售，工业企业就不可能完成资金的回笼，企业再生产就无法实现。因此，对工业销售情况的分析亦十分必要。在分析工业销售情况时，一要从工业销售总量，如工业销售产值、工业销售收入等方面，了解工业销售的总规模。二要从工业销售总量的增减变化中，了解工业销售变化的快慢状态。三要将本级行政区域的工业销售总量指标及速度指标放在上一级更大范围中进行比较分析，掌握本级行政区域工业销售与其他同级行政区域之间的差异。四要从工业销售产值和工业销售收入的比较中，了解资金回笼情况，甚至了解产品市场价格的变化。五要从工业销售产值与工业总产值的比较中，了解工业生产实现销售的程度，也就是工业销售与工业生产的衔接情况。六要从行业统计中，了解各行业的销售情况及变化。七要从经济类型企业群体的统计中，了解各经济类型企业群体的销售情况及变化。八要从地区统计数据中，了解各地区工业的销售情况及变化。

3. 工业经济效益

工业经济效益是工业生产经营活动的最终成效体现。在市场经济条件下，没有效益，工业企业生产和销售环节就可能存在问题，或者生产成本、销售费用等过高，或者产品销售价格偏低，或者企业管理较差；没有效益工业企业就不可能顺利实现扩大再生产；没有效益，工业企业生产经营就难以继续，长此以往其生产经营就无存在必要。因此，对工业经济效益的分析也是工业生产分析的重要环节。在分析中，一要从利润总额的角度，了解工业企业是处于盈利或是亏损状态；了解企业盈利或亏损增减变化的趋势。二要从税金的角度，了解企业对国家财政贡献的大小及变化走势，了解各类税金的构成情况。三要从利税总额的角度，了解工业利税总额的规模及变化趋势；了解工业生产经营活动最终成效的好坏情况；从利润与税金的比较中，了解企业与国家所得情况。四要以企业利税和利润为重点，了解各行业、各经济类型企业群体、各地区工业经济效益的状况。五要注意将本级行政区域的工业利润、利税总量指标及速度指标放在上一级更大范围中进行比较分析，掌握本级行政区域工业效益与其他同级行政区域之间的差异。

4. 工业经济的经营实力

要确保生产经营能够运行，工业企业必须拥有相应的基本条件和基础，这些基本条件和基础其实就是指企业拥有的资产。而资产规模决定着企业生产经营规模的大小。因此，工业资产规模就是工业经营实力的体现，对其进行分析研究不能忽略。一般而言，在分析工业经济经营实力时，一要把握资产的总规模情况，了解资产总规模的大小；了解资产总规模的变化，掌握工业经济经营实力是扩大还是缩小了，发展后劲是增强还是减弱。二要把握资产的结构，重点了解固定资产和流动资产各自的规模大小及其变化；掌握工业资产的协调情况，重点了解固定资产和流动资产比例是否恰当。如果固定资产过大，表明流动资产不能满足固定资产运转需要，固定资产存在浪费现象；如果流动资产过多，表明固定资产不足而不适应流动资产正常运行的要求，尚需扩大固定资产投资。三要把握资产的负债情况，了解总资产、固定资产、流动资产的负债规模及其变化，尤其要从各自的负债比率上观察负债程度是否合理。四要把握资产的周转情况，通过将资产总计、固定资产，尤其是流动资产与销售收入的比较，了解资产周转的快慢和效率。五要把握资产的贡献情况，主要通过与工业总产值和利税、利润等比较，了解资产总计、固定资产、流动资产的产出和收益水平及变化。六要注意将本级行政区域的反映工业经营实力总量指标及速度指标放在上一级更大范围内进行比较分析，了解本级行政区域工业经营实力与其他同级行政区域之间的差异。

5. 工业经济的运行质量

工业经济运行质量的高低，一般是不能以工业生产经营活动中某一方面或某一环节的情况来简单说明的，必须将工业生产经营活动中诸多方面或环节的情况综合起来分析判断[18]。在实际管理分析工作中，一般以工业经济效益综合指数来评判工业经济运行质量。由于工业经济效益综合指数中包含工业生产、销售、效益情况，以及资产运转、劳动用工、投入产出等情况，因而，工业经济效益综合指数虽然表面上反映的是工业经济效益水平，实则是反映着工业经济运行质量。在对工业经济运行质量的分析中，一要从工业经济效益综合指数总水平的角度，了解工业经济运行质量的高低。二要从工业经济效益综合指数的升降情况，了解工业经济运行质量的波动情况。三要以各分类工业经济效益综合指数水平，了解各行业、各地区、各经济类型企业群体的运行质量。四要对构成工业经济效益综合指数的分项指标进行分析，了解各项指标的实际水平及变化情况，以及各项指标对工业经济效益综合指数的影响程度。五要注意将本级行政区域的反映工业经济运行质量的综合指数及分项指标放在上一级更大范围中进行比较分析，掌握本级行政区域工业经济运行质量与其他同级行政区域之间的差异。

6. 工业经济的影响因素

工业生产经营活动是在一定条件和环境下进行的，由于这些条件和环境经常发生变化，因此必然会影响工业生产经营活动[20]。如果不及时把握影响因素及其变化，就不可能对工业经济运行状况进行正确判断，从而正确地制定和实施宏观调控措施，也就不能确保工业生产经营活动正常运行。在对工业经济影响因素的分析中，一要从工业生产与市场要素角度，了解工业生产经营活动中的资金、原材料、能源动力、交通运输、信息资源等方面的保障情况或称影响情况。二要从趋势因素角度，了解企业固定资产投资、劳动力需求、产品订货情况，由于三者是企业再生产经营情况的先行信号，同时也是影响企业未来生产经营活动的条件或因素，对其进行正确判断可以掌握工业生产经营的走势。三要从宏观经济政策角度，了解国家宏观经济政策、产业导向、调控措施等方面对工业生产经营的影响。四要从经济周期角度，了解工业经济的运行大势。经济周期决定着经济的大方向，人为的努力只能降低经济的波动幅度。因此，了解经济周期内宏观经济所处的阶段，有利于正确把握工业经济形势，并采取适时、适度的对策措施。五要结合宏观经济和其他行业形势，如从拉动经济增长的投资、消费、净出口等方面，了解其对工业经济的影响；从固定资产投资、房地产业、批发零售业等的运行情况，了解其对工业经济的影响。六要从天灾人祸，如自然灾害、瘟疫、生产事故等方面，了解其对工业经济的影响等[19]。

3.4.2 分析方法

经济分析方法很多，这里主要列举工业经济运行分析中常用的几种统计分析方法[21]。

1. 比较分析法

比较分析法又称对比分析法，它是对社会经济现象之间的关系通过各种比较，做出正确判断时最常用、最基础的统计分析方法。社会现象之间的比较是多方面的，既可以从事物的内部联系中比较，也可以从事物的外部联系中比较，还可以从现象的静态或动态进行比较，只有通过比较，才能对事物做出正确的判断，进而认识社会现象的本质和规律。

1）比较的基本规则

主要注意指标之间的可比性，也就是检查对比指标的含义、口径、范围、计算方法、计算价格，以及计量单位是否一致。

对于不能直接对比的资料，要先调整，后比较。进行横向比较时，如果对比对象性质相同，但规格不同，需转换为标准规格后，再进行比较。一般情况下可采用相对数进行，如比较成都与德阳的工业能耗情况，总量说明不了问题，就需利用万元产值能耗加以比较。进行动态比较时，如果不同时期采用的价格不同，对比时需换算成统一价格后进行比较。

2）比较的方式

（1）纵向比较。

对一个地区工业的自身发展进行不同时期的比较，包括绝对量和相对指标的比较分析。如对某地 2007 年工业总产值及增长速度与 2006 年的比较等。

（2）环比分析。

对一个地区工业发展进行不同时段的比较，即本期与上期情况的对比分析。如对某地 2007 年 11 月工业总产值与 2007 年 10 月的比较等。

（3）横向比较。

将本地区工业经济某项指标，与国际、兄弟地区等同一时期的水平进行比较分析。如 2005 年成都工业总产值、增长速度与德阳的比较等。

3）比较的标准

一般而言，只要可比就能进行比较分析。但是，只有以一定的标准进行比较，才会具有更大的意义。常用的比较标准：一是计划水平；二是上期水平；三是历史最好水平；四是正常需要量；五是平均先进水平；六是一定质量的数量界限；七是国内先进水平；八是国际先进水平；九是相互比较等。

2. 动态分析法

动态分析法是反映工业生产经营活动的过程及其发展趋势及规律时常用的一种统计分析方法。

进行动态分析最基本的方法是编制动态数列，绘制动态曲线图，用以反映事物发展变化的过程，查找其升降的原因，研究其发展趋势和规律，并在对动态历史资料分析研究的基础上进行统计预测。

对于事物发展变动情况的分析，除用绝对数动态数列直接观察外，还可从发展变动的速度快慢上进行观察与分析。例如，将 2001～2005 年各季某地工业劳动生产率编制成绝对数动态数列，观察五年来该地工业劳动生产率的变化情况；将 2001～2005 年各月某地工业生产增长速度编制成相对数列，观察五年来该地工业生产的增长趋势等。

3. 构成分析法

一个事物常是由几个部分共同组成的，每个部分在数量上各有多少，各占百分之几，都反映了一个事物的构成情况。从事物的构成情况中，可以深入地掌握事物的特点，认识事物的性质。同时，通过不同时期事物构成的变化，可以了解事物性质的变化，探索与这一事物相联系的各因素发生变动的原因。如分析四川省各个地区工业总产值构成的变化情况，四川省工业中主要行业工业总产值构成的变化情况，工业支柱产业工业总产值的变化情况等。用构成分析法进行分析主要有以下几种类型。

（1）以标准构成为尺度，判断客观事物的发展状态。

状态的不同是质的差异，而客观事物在时间上呈现出来的状态变化，反映出事物由量变到质变的过程，认识这一变化对科学决策有着重要的意义。例如，工业化程度在国际上的认同标准一般是工业增加值占工农业增加值的比重超过 50%，因此，可将某地工业增加值占工农业增加值的比重与其对比，以了解该地工业化所处的状态，即实现程度。

（2）以相关的多个总体构成进行对比分析。

以相关的多个总体构成进行对比，深入认识客观事物的发展特征，为调整方针、政策提供依据。如将四川省各个地区工业的产值和利税的构成情况进行对比分析，可观察各地产值构成对利税构成的影响，判断各地产值的收益情况。

（3）利用总体中的相关指标构成进行对比分析。

利用总体中的相关指标构成进行对比分析，借以认识总体的分配特征，为实际决策提供依据。如 2004 年成都、绵阳、德阳三市的工业增加值占全省工业增加值的七分之四强，由此可以认识到成都、绵阳、德阳三市在四川工业中的地位很重要，是四川省工业发展的重点地区，是推动全省工业发展的重要力量。

4. 因素分析法

因素分析法是指剖析制约现象总变动的各个因素的变动及其对总变动的影响程度，为调控事物的发展提供依据。在因素分析中，既要分析各个因素的变动及其对总变动的影响，又要从中找出主要因素，以便采取对策，促进事物的发展。从分析影响被研究现象变动的诸因素与现象变动的关系来看，可归纳为三种类型：相关因素分析、相乘因素分析、相加因素分析。

（1）相关因素的分析。

在统计分析中，对于相关因素的分析存在着两种不同的情况，一是根据各个因素的变动对现象总变动的依存关系，建立单元回归模型或多元回归模型，求估计参数，以反映各因素变动在现象总量变动中的作用。另一种相关因素分析法，其特点是不借助于数学模型，而是根据相关因素的性质，表明其数量变化对被变动对象的影响和制约关系。例如，某年某地工业生产的态势是：全年工业总产值比上年增长 17%，其中，一季度仅小幅增长 4%，从二季度起逐季加快增长，平均增速达 22%以上。据分析，主要原因是全社会固定资产投资额在一季度出现下降；而二、三、四季度则出现高幅增长，对工业生产产生明显影响。这种分析虽然并没有用数学表达式计算出某个因素的变动对现象总变动的影响程度，却揭示出某个因素的变动对现象总变动的变动关系，可以借此认识事物变动的原因，为解决实际问题，推动事物的发展提供了决策思路。

（2）相乘因素的分析。

在客观经济现象中，有许多经济现象的变动是受多种因素变动所制约的；同时各因素的变动与现象总变动的关系，表现为相关因素乘积之和等于现象总量的关系。例如，工业总产值=职工人数×劳动生产率。

上述总量与分解因素之间的联系，属于静态关系。若从动态上观察，它们之间的变动关系则表现为：总产值动态指标=劳动生产率指数×职工人数指数。

（3）相加因素的分析。

在工业经济现象中还有一些现象的变动，是其总体内各个组成部分变动影响的结果。例如，工业总产值的变动是轻工业和重工业共同变动影响的结果，某省工业总产值是各地工业共同变动的结果等，由此可见，相加因素是指现象总变动和单个组成因素变动的总和。而相加因素分析法，是指采用科学的方法测定总体各个组成部分的变动来分析它们对现象总变动的影响程度。通过相加因素的分析，可以测定总体各个构成因素在现象总变动中的作用和影响，以便有针对性地采取措施，对各组成因素调控，使总体向更为正常的方向发展。

3.4.3　分析流程

工业经济需要进行分析的内容很多，例如，工业发展水平、产业结构的整体演进、政策对工业发展的影响、工业对 GDP 的影响力与贡献率等。任何一个分析过程都需要收集到与该分析相关的数据，选用特定的分析模型，然后对分析模型中的参数进行设置，模拟计算出分析结果。在本体系中工业经济分析的流程如图 3.8 所示。

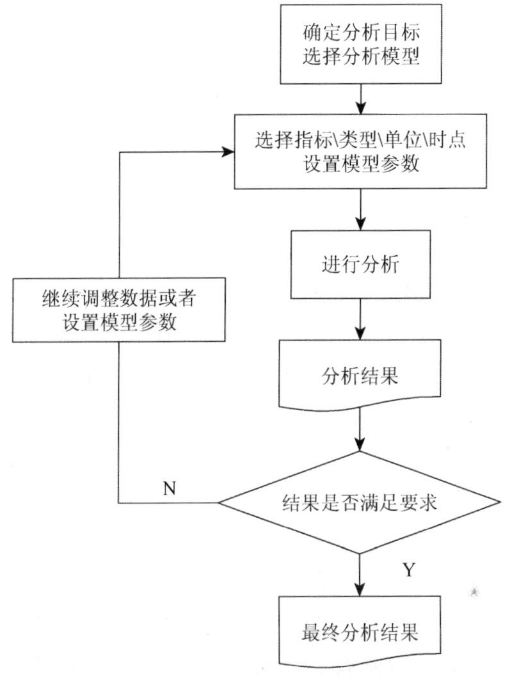

图 3.8　分析流程图

3.4.4　分析过程

做好经济数据分析检测，需要建立系统化的分析过程，重点是数据管理、任务管理和方法管理。

1. 基本目标

任何一个经济分析主题都是由若干分析任务组成的。每一个分析任务又包括数据收集、加工处理、特征分析和归纳总结 4 个连续衔接的动态阶段过程。在具体分析作业中，往往令分析人员头疼的是数据收集和加工处理阶段。分析人员不仅需要花费大量时间重复相关经济数据收集工作，还要不断采用各种分析方法对数据进行加工处理，使其展现出经济现象的特征和规律。分析人员在这两个阶段耗费的时间一般占用整个分析过程的 60%～70%。真正用于特征分析和归纳总结阶段的时间实际上是不多的。如何把分析人员从繁琐的数据加工处理劳动中解放出来，把时间精力集中在后两个阶段，从而提高分析工作的效率和质量，这就是分析过程系统化问题提出的背景，也是实现系统化的基本目标。

2. 总体设计

分析过程的系统化是指采用现代先进的计算机技术、数据库技术、编程及网络技术，将经济分析的数据、方法等基本元素组织起来，按照人脑分析的阶段和模式进行模拟、描述，并建立相应的计算机管理系统的过程。实现分析过程系统化要做好三个方面的设计。

1）数据管理设计

数据管理是系统运行的基础。数据管理设计首先要做好数据库的选型工作。经济数据与工程技术数据比较相对少一些，一般选用中型数据库，如 SQL 数据库等即可。其次，要建立直观多样的数据加载通道以及严格的数据自动校验机制，保证基础数据的可靠性和完整性。最后，要建立灵活方便的指标管理模块、指标算法管理模块和字典库管理模块。数据管理设计的重点在于如何解决多样化统计报表的快速定制技术问题。

2）任务管理设计

分析任务是分析工作中特定的要求。分析任务按照分析范围的不同是有层次的。不同层次的分析任务构成特定的分析体系。由于分析目标的不确定性以及分析人员的个人习惯偏好，分析体系是不断变化调整的。适应这种要求，任务管理设计首先要注意管理任务的灵活性，方便增加、减少、修改具体的操作。其次要设立体系的分层管理模式，实现分析任务的目录式伸缩管理。最后，要建立任务与分析方法的动态连接机制，根据分析任务的具体要求，灵活地选择不同的分析方法。实际上在任务管理设计中最重要，难度也最大的是分析体系结构的设计。体系结构要设计得合理，不仅需要较高的理论水平，而且需要丰富的实际工作经验，即内行对本专业领域的熟悉程度。

3）方法管理设计

经济分析离不开分析方法。方法是工具，不同的分析任务、分析目的，需要不同的分析工具。经济分析方法很多。为了灵活地选用分析工具，完成特定的分析任务，就需要对各种分析方法进行系统的管理。方法管理设计，首先要将具体的分析方法模型化，要将分析过程需要的特定算法固化在特定的模型中。其次，每一个具体的分析模型，都要具备汇聚分析所需要的空间信息、时间信息、指标信息。最后，要建立分析方法模型库，对模型实现灵活的加载、移出和修改调整作业。

3.4.5　分析模型

经济分析模型是经济分析方法演化而成的系统分析工具。经济分析方法很多，但省级工业经济运行分析工作中，最常使用的是状态展示、常规对比、构成对比、指标排序、位次变动、变动因素分析等几种基本统计分析方法。这些分析方法转化而成的模型是整个经济分析模型体系的基础。

1. 状态展示模型

该模型是观察特定对象所属的经济指标，在一定时间区间的状态及变动趋势，并在总体上把握其合理性的分析工具。模型首先要建立空间信息设置功能。所谓空间信息是指呈空间分布状态的分析主体或主体群组，如行政区划、分类行业以及按各种标识划分的经济单位等。其次是建立指标信息设置功能。选择分析的特定指标，如绝对量指标、增长率指标（同比、环比、定比）、增长量、平均量及经济质量指标等。最后要建立时间信息设置功能，确定分析数据的时间区间即数据时间序列。空间、指标、时间三维信息缺一不可，以观察其分布状态和变化规律。

状态展示模型分析步骤如下：

（1）点击工具栏中的状态展示模型，弹出模型设置面板。

（2）选择分析对象（单选）。

（3）设置预警参数。

a. 静态预警。为分析对象设置预警阈值，预警等级的数量和预警值可由系统自动计算生成，也可以由用户自行输入。预警值有以下计算方法。

①历年最高值与最低值之间的 1/4 位数，中位数，3/4 位数（以 4 级预警为例）；

②历年最高值为 A、最低值为 B，$(A-B)/4+B$，$(A-B)/2+B$，$3(A-B)/4+B$ 等（以 4 级预警为例）；

③一定时间区间中的平均数；

④用户自行设置值。

b. 动态预警。动态预警以指标值的动态发展趋势进行分析预警。

①指标值连续 X 个月上升或下降 Y 值，X，Y 由用户自行设定；

②指标值连续 X 个月低于或高于上年同期数据。

（4）点击分析，显示分析结果图形，如图 3.9 所示。静态预警在图形中以预警线进行显示；动态预警当满足预警条件时以不同的颜色或者显著的提示信息进行显示。

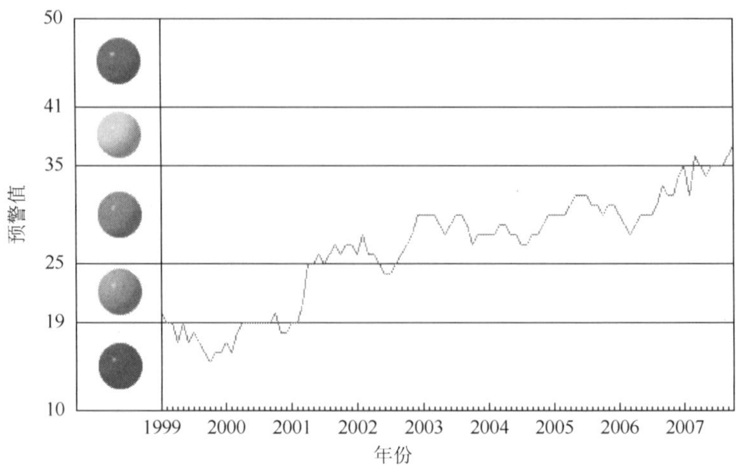

图 3.9　景气动向综合指数分析结果

2. 常规对比模型

该模型是对不同地区之间、不同时点、不同分类方式的比较分析工具。分析的目的是发现分析对象与对比对象在某个指标上的差距，即对同一经济指标在同一时间区间（某时点或时间序列）的不同单位之间或同一经济指标，同一单位在不同时点上的比较分析工具。模型同样要建立空间、指标、时间三维信息设置功能，但指标信息选择与其他两维信息选择有所不同。在一个特定的分析任务中，指标一般是选择单一指标，如果指标不统一则不具备可比性。而其他两维信息则可根据分析的需要，任意进行选择组合。这是由对比分析的特点决定的。当然，为了方便分析往往也会将不同分析任务中的不同指标数据或图形放在一个列表区或图形区进行显示，对比数据、结果（计算差异值）及相关图形。首先应该可以按分析单位与对比单位（或分析时间序列与对比时间序列）成组显示，同时也可使多个分析组合并显示。

在数据集上进行数据分析，其中的步骤如下。

（1）点击工具栏中的构成对比模型，弹出模型设置面板，点击常规对比模型。

（2）选择分析对象（单选）和对比对象（多选），在表 3.3 中，“四川累计增长”列为分析对象，“全国累计增长”列为对比对象。对比对象可以为固定值（例如，手动输入全国工业增加值 10 年间的平均增速，以此为对比对象来看四川的增速与全国 10 年平均增速的差距）。

（3）设置对比类型，有绝对差数、相对差数。

①绝对差数：分析对象–对比对象，如表 3.3 所示；

②相对差数：$\{[(\text{分析对象}-\text{对比对象})/\text{abs}(\text{对比对象})]-1\}\times 100\%$。

（4）点击分析，执行计算，显示分析结果，每一列对比结果都应当可以设置列名称。分析结果将添加在原数据集的下方，它也可以作为数据集再执行其他分析。分析结果如表 3.3 所示。

表 3.3　不同时间（2012 年、2013 年）不同地区（四川省和全国）的工业增长对比

时间	四川累计增长	全国累计增长	增幅差数
2012.Q1	a_{11}	a_{21}	$a_{11}-a_{21}$
2012.Q2	a_{12}	a_{22}	$a_{12}-a_{22}$
2012.Q3	a_{13}	a_{23}	$a_{13}-a_{23}$
2012.Q4	a_{14}	a_{24}	$a_{14}-a_{24}$
2013.Q1	b_{11}	b_{21}	$b_{11}-b_{21}$
2013.Q2	b_{12}	b_{22}	$b_{12}-b_{22}$
2013.Q3	b_{13}	b_{23}	$b_{13}-b_{23}$
2013.Q4	b_{14}	b_{24}	$b_{14}-b_{24}$

3. 构成对比模型

构成对比模型也称结构百分比模型。该模型的核心是构成对比分析法。其分析任务是观察经济现象局部因素变动对总体变动的影响，同时在同一单位的时间序列上把握这种影响的变动趋势或不同单位在同一时点上影响程度的差距。它适用于各种绝对量指标的分析，但不包括增长率指标和经济质量指标（经济运行质量指标）。模型设计首先应考虑的仍然是空间、指标、时间三维信息选择功能。根据分析的出发点不同，模型有同一单位同一指标构成在不同时间上的对比、不同单位同一指标构成在同一时间上的对比、不同单位同一指标构成在不同时间上的对比三种形式。无论选择哪种形式的分析，都要注意确定总量项和相应的构成项。由于一个总体往往是由若干局部构成的，实际工作中，为了突出分析的主要部分，没有必要将全部构成项都纳入分析。因此在考虑具体算法时，可以先确定总量和纳入分析的构成项，总量减去构成项的差作为其他项，从而形成一个完整的分析整体。然后再根据分析的需要选择相应的模型形式进行分析。

由于要观察的是局部因素对总体因素的影响，所以在主栏的选择只能是地区维度和分类维度（这两个维度具有从属关系）。

构成的计算方法为

$$(构成对象/总体对象)\times 100\%$$

在数据集上进行数据分析，其中的步骤如下。

（1）点击工具栏中的构成对比模型，弹出模型设置面板。

（2）选择分析对象（单选）和对比对象（多选）。在分析结果中会在分析对象列旁边添加一列构成列，如表 3.4 所示，需要为该列设置名称，该列默认名称为“结构”。

（3）选择参与构成分析的行（即选择构成项，未选中项合计为“其他”）。这些构成项可以是按照规模分类的（如大型、中型和小型企业），也可以是按地区构成分类的（如把四川省分为武侯区、青羊区及其他）等。

（4）选择对比类型，如常规对比分析中的对比类型。

（5）点击分析，执行计算，显示分析结果。选择要进行对比的两个分析对象（一般只有两项进行对比，并且这两个分析对象在步骤（2）中都被选中，如果未选中，需要进行错误提示），则在分析结果中会添加一列显示对比结果，需要为该列设置名称，该列默认名称为“构成差数”，分析结果如表 3.4 所示。

表 3.4　2013 年一季度地区规模以上工业企业营业收入规模结构

项目	2013 年 1～3 月		2012 年 1～3 月		构成差数
	营业收入/亿元	结构/%	营业收入/亿元	结构/%	
全省	A_1	100	A_2	100	0
大型企业	a_{11}	$(a_{11}/A_1)\times100$	a_{21}	$(a_{21}/A_2)\times100$	$a_{11}/A_1-a_{21}/A_2$
中型企业	a_{12}	$(a_{12}/A_1)\times100$	a_{22}	$(a_{22}/A_2)\times100$	$a_{12}/A_1-a_{22}/A_2$
小型企业	a_{13}	$(a_{13}/A_1)\times100$	a_{23}	$(a_{23}/A_2)\times100$	$a_{13}/A_1-a_{23}/A_2$

4. 增长构成模型

增长构成模型也称增长率构成对比模型。使用该模型的分析任务是观察经济现象局部因素增长变动对总体增长变动的影响，同时在时间序列上把握这种影响的变动趋势，但不包括绝对量指标和经济质量指标（经济运行质量指标）。增长构成模型的基本算法是：①总体增长率=(总体当期指标值－总体同期指标值)÷总体同期指标值；②总体增加量=总体当期指标值－总体同期指标值；③总体增加量=局部增加量之和；④局部增长对总体增长的贡献=局部增量÷总体增量；⑤局部增长对总体增长的影响=局部增量÷总体同期指标值。在查询数据集时要求包含当期值和同期值两列。

模型设计首先应考虑的仍然是空间、指标、时间三维信息选择功能。根据选择的三维要素组合，按上述的算法计算出局部因素的增长对总体增长的贡献（占总体的比重）及影响（总体增长率中有多少百分点）。再根据选择的序列时间观察这种贡献和影响的变化特征及发展趋势。

在数据集上进行数据分析，其中的步骤如下。

（1）点击工具栏中的增长构成模型，弹出模型设置面板。

（2）选择分析对象（单选，只能选择当期列）和对比对象（多选，只能选择当期列），选择参与构成分析的行（即选择构成项，未选中项合计为“其他”）。这些构成项可以是按照规模分类的（如大型、中型和小型企业），也可以是按地区构成的（如把四川省分为武侯区、青羊区及其他）等。

（3）选择分析参数，包括同比增长率、同比增量、增量比重、增长率贡献，分析参数可单选或者多选，选几个则在每个分析对象的同期值列后面增加几列。各分析的计算方法如表 3.5 所示。

（4）选择对比类型，如常规对比分析中的对比类型。

（5）点击分析，执行计算，显示分析结果。分析结果如表 3.5 所示，分析结果将添加在原数据集的下方，也可以作为数据集再执行其他分析。新增加的列都应当有个默认的列名，列名称可以自行修改。

表 3.5　2009 年 1～12 月地区工业增加值轻重工业构成

项目	工业增加值					
	当期/亿元	同期/亿元	同比增长率/%	同比增量/亿元	增量比重/%	增长率贡献/%
全省	A_1	A_2	$[(A_1-A_2)/A_2]\times100$	A_1-A_2	100	$[(A_1-A_2)/A_2]\times100$
轻工业	a_{11}	a_{21}	$[(a_{11}-a_{21})/a_{21}]\times100$	$a_{11}-a_{21}$	$[(a_{11}-a_{21})/(A_1-A_2)]\times100$	$[(a_{11}-a_{21})/A_2]\times100$
重工业	a_{12}	a_{22}	$[(a_{12}-a_{22})/a_{22}]\times100$	$a_{12}-a_{22}$	$[(a_{12}-a_{22})/(A_1-A_2)]\times100$	$[(a_{12}-a_{22})/A_2]\times100$

5. 指标排序模型

指标排序模型也称经济指标数据排序分析模型。它实际上是一种对不同单位的同一指标在同一时点上或不同单位的同一指标在不同时点上进行静态和动态排位的分析方法。分析的目的是为了了解分析主体的特定指标在一批主体中的相对差异状态以及这种状态在时间序列中的变化情况。模型中要注意设置空间、指标、时间三维信息选择功能，即选择排序单位、排序指标（按增长率、增长量、一次指标、二次指标类别选择）、排序数据时点、当期或累计数据、升序或降序等，确定排序的目标时点。

在数据集上进行数据分析，步骤如下。

（1）点击工具栏中的指标排序模型，弹出模型设置面板。

（2）选择分析对象和对比对象，在分析结果栏中，分析对象旁边添加一位次列，需要为该列设置名称，该列默认名称为“位次”。

（3）按照冒泡法等排序方法对指标进行排序并显示在“位次”列。用户可选择升序或降序。

（4）分析结果如表 3.6 所示，分析结果将添加在原数据集的下方，也可以作为数据集再执行其他分析。

表 3.6　2011 年四川工业累计增幅在全国的排位

地区	2011 年 8 月		2011 年 9 月	
	增长率/%	位次	增长率/%	位次
重庆	22.4	1	22.7	1
四川	22.2	2	22.4	2
天津	21.2	3	21.2	3
湖北	20.7	4	20.7	6
贵州	20.7	4	20.9	5
西藏	20.7	4	21.0	4
安徽	20.5	7	20.7	6
广西	20.5	7	20.1	8
吉林	20.1	9	20.0	9
湖南	19.8	10	19.5	11
青海	19.6	11	19.6	10
山西	19.5	12	19.3	12
⋮	⋮	⋮	⋮	⋮

6. 变动因素模型

该模型主要应用于分析一个经济综合指标所包含的各个因素的变动对该指标变动的影响程度。其基本方法是：当有若干因素对综合指标发生作用时，假定其他各个因素都无变化，顺序确定每一个因素单独变化所产生的影响。其主要操作步骤是：确定分析主体（空间信息）；确定分析时间（时间信息）；选择一个特定的综合经济指标（指标信息）；确定该综合经济指标是由哪几个因素指标组成（指标信息）；设置因素指标之间的相互关系（加、减、乘、除，即公式）；采用连环替代法，以一定的顺序将各个因素加以替代来具体测算各个因素对综合指标变动的影响方向和程度。模型的基本算法是连环替代法，其主要计算公式为：综合指标变动差额=实际综合指标值–对比综合指标值；因素指标 1 变动差额=实际因素指标 1 值–对比因素指标 1 值；因素指标 2 变动差额=实际因素指标 2 值–对比因素指标 2 值；因素指标 N 变动差额=实际因素指标 N 值–对比因素指标 N 值；综合指标变动差额=因素指标 1 变动影响值+因素指标 2 变动影响值+…+因素指标 N 变动影响值；因素指标 1 变动影响值=因素指标 1 的实际值×或/因素指标 2 对比值×或/…×或/因素指标 N 对比值–因素指标 1 的对比值×或/因素指标 2 对比值×或/…×或/因素指标 N 对比值；因素指标 2 变动影响值=因素指标 1 的实际值×或/因素指标 2 的实际值×或/…×或/因素指标 N 对比值–因素指标 1 的实际值×或/因素指标 2 对比值×或/…×或/因素指标 N 的对比值；因素指标 N 变动影响值=因素指标 1 的实际值×或/因素指标 2 的实际值…×或/因素指标 N 的实际值–因素指标 1 的实际值×或/因素指标 2 的实际值…×或/因素指标 N 的对比值。在设计变动因素模型的过程中，有两个问题需要注意。一是对综合指标而言，影响变动的因素指标是分层次的。因此，下层因素指标不仅要反映出对上层因素指标的作用，同时也要反映出对综合指标的作用。二是严格的统计学上的变动因素分析，根据因素指标的属性不同（数量指标或质量指标），不变因素指标固定的时期是不同的，而不是像连环替代法总是固定在基期（或计划、标准）。但由于两种方法计算结果的差别不是很大，为了简化程序和使用的方便，拟统一采用连环替代法。

设 $F=A\times B\times C$，基数（指标 1，指标 2，指标 3，…，指标 n）$F_0=A_0\times B_0\times C_0\times\cdots$（在此假设各因素指标之间相互关系是乘），实际数 $F_1=A_1\times B_1\times C_1$，实际数与基数的差异为 F_1-F_0。则连环替代法应用的基本步骤为：

（1）确定对比的基数（指标 1、指标 2、指标 3）：$F_0=A_0\times B_0\times C_0$

（2）替代 A 因素：$A_1\times B_0\times C_0$

(2)–(1)：A 因素变动对 F 的影响

（3）替代 B 因素：$A_1\times B_1\times C_0$

(3)–(2)：B 因素变动对 F 的影响

（4）替代 C 因素：$A_1\times B_1\times C_1$

(4)–(3)：C 因素变动对 F 的影响

三个因素的共同影响：F_1-F_0

简化分析法（差额分析法）：

A 因素的影响：$F_1=(A_1-A_0)\times B_0\times C_0$

B 因素的影响：$F_2=A_1\times(B_1-B_0)\times C_0$

C 因素的影响：$F_3=A_1\times B_1\times(C_1-C_0)$

因此，综合指标变动差额=因素指标 1 变动影响值+因素指标 2 变动影响值+…+因素指标 N 变动影响值=$F_1+F_2+F_3+\cdots+F_N$。

在数据集上进行数据分析，其中的步骤如下：

（1）点击工具栏中的变动因素模型，弹出模型设置面板。

（2）选择分析对象，在分析结果栏中，分析对象旁边添加两列计算结果列。如表 3.7 所示，需要为这两列设置名称，默认名称分别为“各因素影响值”和“综合影响值”。

（3）选择参与构成分析的行（即选择影响该综合经济指标的因素指标为分析的构成项），这些构成项可以在仿真模块的模型中找到。

（4）用户选择因素指标之间的相互关系（加、减、乘、除，即公式）。

（5）选择分析的时间维度，可多选，显示在主栏中，如表 3.7 所示。

（6）后台调用采用连环替代法，以一定的顺序将各个因素加以替代来具体测算各个因素对综合指标变动的影响方向和程度，并把各因素影响值显示出来。

（7）分析结果如表 3.7 所示，分析结果将添加在原数据集的下方，它也可以作为数据集再执行其他分析。

表 3.7　2013 年 1 月全国各因素变动对综合经济指标的影响

工业增加值影响因素	各因素影响值	综合影响值
第二产业增加值（A）	F_1	$F=F_1+F_2+F_3+F_4$
建筑业增加值（B）	F_2	
固定资本形成总额（C）	F_3	
固定资产投资总额（D）	F_4	

3.5　经济预警集成模式

经济预警是一个十分复杂的难题，需要应用综合集成理论和方法，把多种反映经济发展变化趋势的指标综合在管理驾驶舱中，对宏观经济未来演变趋势做出科学的预警。经济预警综合集成模式如图 3.10 所示[22]。

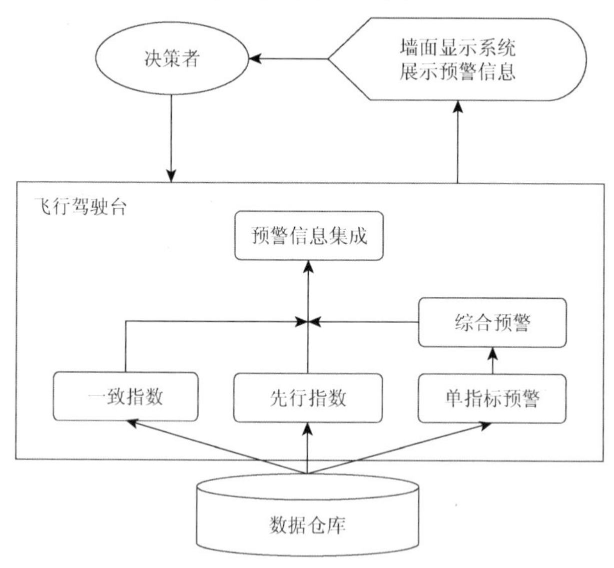

图 3.10　经济预警集成模式

管理驾驶舱的飞行驾驶台具有经济预警的功能，经济预警集成模式由一致指数、先行指数、单指标预警和综合预警组成，应用数据仓库集成的各种粒度的数据，通过扩散指数或合成指数的模型，产生经济预警的一致指数和先行指数；同样，从数据仓库取出数据，应用单指标预警模型实现经济预警，把单指标赋予一定权重得到综合预警模型，从而实现综合预警；把一致指数、先行指数和综合预警得到的信息集成起来，得到预警集成信息，所有这些信息都送到墙面显示系统展示，供决策者参考。

3.5.1　建立预警指标体系

根据各种经济指标在国民经济活动中的变化和它们在周期波动中与基准循环的对应关系，经济景气指标通常划分为先行指标、一致指标、滞后指标三种类型。循环波动先于基准循环而变动的指标，称为先行指标；循环波动与基准循环基本一致的指标，称为一致指标；循环波动迟于基准循环而变动的指标，称为滞后指标。先行指标可以用于预测经济周期波动的峰和谷，一致指标反映当前的经济形势，而滞后指标用于认定和确定经济周期波动的峰和谷是否已出现。景气指数预警方法正是根据景气指标的这种划分和各类指标在达到峰和谷时间上表现出来的不同特性，来对宏观经济发展进行预警。

本部分首先介绍指标选取的原则、指标选取的方法，然后介绍指标选取的步骤。

1. 指标选取的原则

经济学家用统计指标来定量地衡量经济状况。经济现象的数量变动特征，无不通过统计指标（变量）的数量变动特征表现出来，反之，统计指标的变化，是一定范围内某种经济现象总体变化的数量测度。因此，统计指标作为测定经济活动的指示器，在经济监测预警分析中有着至关重要的作用。

经济现象的变化不是单一孤立的，而是相互联系与制约的。所以，在建立监测预警指标体系时，不仅要考虑到指标体系的完备性，而且要顾及指标间反映监测预警主体的非重复性，尽可能使所建立的指标体系为指标集中的最小完备集。这样，所建指标体系既涵盖监测预警所需的主要变量，达到监测预警的目的；又剔除了对主体贡献不大甚至模糊判断结果的非主要变量，减少了工作量，明晰了分析结果。

指标是组成指标体系的基本元素，欲使指标体系集满足前面提到的性质，在选择其基本元素时必须遵照一定的原则。

1）指标经济含义的重要性

不同的指标反映经济活动的不同侧面和内容的变化特征，并且对于某项具体的经济活动，不同指标对其所起的作用和产生的影响也是有较大差别的。所以，选择以经济波动为监测预警核心的指标，首先要掌握的一条原则，就是考虑指标对经济波动的贡献程度。

2）指标与经济变动的协调性

指标的变动轨迹与经济循环波动的变化轨迹之间的关系，虽然是多种多样的，但粗略地可以划分成三大类。第一类是指标变动轨迹在时间上和波动起伏上与经济波动轨迹基本一致，其扩张和收缩与总体经济活动是同向变动的，也就是说各指标的循环与基准循环几乎是一一对应的。第二类是在相同时点上波动起伏不一致，但在时间轴上经过向前或退后平移某一时间段可以使两者的波动起伏基本相吻合。第三类是除此两类以外的其他关系符合该原则的指标。因此，从前两类指标中选择所需要的指标，对展现经济波动的面貌是极为有利的。

3）指标反映经济变动的可靠灵敏性

不同的指标的变化特征对经济变动的反映程度是有差别的，有些指标是灵敏的且具有较高的可靠度，即在经济整体即将发生或刚发生变动时，它们就能表现出这种变动的征兆或特征；反之当它们上升或下降时，有较大的概率预示着总体经济活动的扩张和收缩。有些则是迟钝的，往往在经济变动后一段时间才表现出来。监测预警需要具有能及时捕捉经济运行变动方向且具有较高可信度功能的指标。这一原则体现了经济监测预警不同与其他经济统计分析的特点，主要用于领先指标的选取。

4）指标刻画经济变动的代表性

指标之间的关系并不都是相互独立的，常常是相互联系与制约的，并且对于某类具体的变动特征，也常表现出一个指标与几个指标或一组指标与另一组指标反映其特征几乎是等价的，所以，指标间存在着一定的可替代性。利用指标间的这种关系，选择具有较强代表性的指标，对减少工作量、降低误差和提高效率是大有裨益的。因此，这也是应遵循的原则之一。

5）指标变动轨迹的规则性和稳定性

经济统计指标的变动轨迹大多不是呆板或机械式的，诸如严格地按正弦或余弦轨迹波动的指标是没有的，并且一般指标的波动性也极不稳定，这给经济分析带来了相当大的困难。但是，这并不是说经济变动没有规律可循，指标变动没有一定的规则性和稳定性，只是这里所说的规则性和稳定性是相对宽松和不严格的，即并不要求有固定的周长、相位角和振幅，只要求具有相似的周而复始的循环波动规律，以及循环能够比较容易地被识别或确定，满足循环的长度差别不是很大、振幅变化不很剧烈，以及稳定性较好等性质。选择这样的指标对于提高经济监测预警的准确度是大有帮助的。

6）指标数据收集的及时性

指标数据公布的时间快慢不一，对于月度数据而言，快则一个月，慢则要两三个月。为了满足经济监测预警的需要，及时对经济运行态势进行分析，选择数据收集及时的指标是必要的。

2. 指标选取的方法

随着经济的发展、各国统计体系及统计方法的不断完善，统计的种类越来越多，统计指标的数目也日趋庞大，形成了规模巨大的信息资源。同时，在数据处理、存储、传递等方面运用了通信技术、光电子、计算机等最先进的技术手段，使得从巨大的信息资源中，及时准确地加工提炼出反映经济运行状态的特征信息成为可能。例如，美国的先行、一致、滞后景气指标就是从近千个经济指标中筛选出来的。本部分介绍如何从众多的经济指标中筛选出适用且可靠的景气指标的几种常用的方法。

1）景气趋势时差关联分析

景气趋势时差关联分析是利用相关系数验证经济指标时间序列先行、一致或滞后关系的一种常用方法。时差相关系数的计算方法是以一个重要的能够敏感地反映当前经济活动的经济指标作为基准指标，一般选择一致指标作为基准指标。在宏观经济分析中一般以工业增加值为基准指标，然后使被选择指标超前或滞后若干期，计算它们的相关系数。设 $\boldsymbol{y}=\{y_1,y_2,\cdots,y_n\}$ 为基准经济指标，$\boldsymbol{x}=\{x_1,x_2,\cdots,x_n\}$ 为被选择经济指标，r 为时差相关系数，则

$$r_l=\frac{\sum_{t=1}^{n_l}(x_{t-l}-\overline{x})(y_t-\overline{y})}{\sqrt{\sum_{t=1}^{n_l}(x_{t-l}-\overline{x})^2\sum_{t=1}^{n_l}(y_t-\overline{y})^2}},\quad l=0,\pm1,\pm2,\cdots,\pm L \tag{3.1}$$

式中，l 表示超前、滞后期，取负数时表示超前，取正数时表示滞后，被称为时差或延迟数；L 是最大延迟数；n_l 是数据取齐后的数据个数。在选择景气指标时，一般计算若干个不同延迟数的时差相关系数，然后进行比较，其中，最大的时差相关系数

$$r_{l'}=\max_{-L\leqslant l\leqslant L} r_l$$

被认为反映了被选经济指标与基准经济指标的景气趋势时差关联关系，相应的延迟数 l' 表示超前或滞后期。

2）景气趋势信息关联分析

21 世纪中叶，统计学家 Kullback 和 Leibler 提出一个信息量，后人称之为 K-L 信息量，用以判定两个概率分布的接近程度。近年来 K-L 信息量被运用到经济分

析中。本节使用这个度量来做景气趋势信息关联分析，用于景气指标选择。

（1）景气趋势信息关联分析的基本性质。

对于偶然的带有随机性质的现象，通常可以认为是服从某一概率分布的随机变量的一些实现值。如果已知（或假设）真正的概率分布，而希望估计我们选择的模型与这一真正概率分布相近似的程度，从而评价模型的好坏，就需要一个度量，我们称为 K-L 信息量。

设基准经济指标随机变量的概率分布列为 $\boldsymbol{p}=\{p_1,p_2,\cdots,p_m\}$，其中 p_i 为事件 w_i 发生的概率，限定 $p_i>0$，$\sum_{i=1}^{m}p_i=1$。

设被评价的经济指标随机变量的概率分布列为 $\boldsymbol{q}=\{q_1,q_2,\cdots,q_m\}$，$q_i$ 为事件 w_i 发生的概率，则定义期望

$$I(\boldsymbol{p},\boldsymbol{q})=\sum_{i=1}^{m}p_i\ln\frac{p_i}{q_i} \tag{3.2}$$

为分布列 $\boldsymbol{q}$ 关于分布列 $\boldsymbol{p}$ 的 K-L 信息量。

（2）K-L 信息量的实际计算。

将 K-L 信息量用于选择景气指标的实际计算中，也是以一个重要的、能够敏感地反映当前经济活动的经济指标作为基准指标，设基准指标为 $\boldsymbol{y}=\{y_1,y_2,\cdots,y_n\}$。由于任意满足 $p_i>0$，$\sum p_i=1$ 的序列 $\boldsymbol{p}$ 均可视为某随机变量的概率分布列，因此，对基准指标做标准化处理，使得指标的和为单位 1，处理后的序列记为 $\boldsymbol{p}$，则

$$p_t=y_t\Big/\left(\sum_{j=1}^{n}y_j\right),\quad t=1,\cdots,n;\text{其中假定}y_t>0 \tag{3.3}$$

设被选择的经济指标 $\boldsymbol{x}=\{x_1,x_2,\cdots,x_n\}$，也做标准化处理，处理后的序列记为 $\boldsymbol{q}$，则

$$q_t=x_t\Big/\left(\sum_{j=1}^{n}x_j\right),\quad \text{其中假定}x_t>0 \tag{3.4}$$

由式（3.2），K-L 信息量可由下式计算

$$k_l=\sum_{t=1}^{n_l}p_t\ln(p_t/q_{t+l}),\quad l=0,\pm1,\cdots,\pm L \tag{3.5}$$

式中，l 表示超前或滞后期，取负数时表示超前，取正数时表示滞后，被称为时差或延迟数；L 是最大延迟数；n_l 是数据取齐后的数据个数。当计算出 $2L+1$ 个 K-L 信息量后，从这 k_l 值中选出一个最小值 k_{l_n} 作为被选指标 $\boldsymbol{x}$ 关于基准指标 $\boldsymbol{y}$ 的 K-L 信息量，即

$$k_{l_n}=\min_{-L\leqslant l\leqslant L}k_l \tag{3.6}$$

其相对应的延迟数 l 就是被选指标最适当的超前或滞后月数（季度）。K-L 信息量

越小，越接近于 0，说明指标 $\boldsymbol{x}$ 与基准指标 $\boldsymbol{y}$ 越接近。

3. 指标选取的步骤

在国外，在经济预警研究领域，影响力比较大的国家有美国、德国、法国、日本等，研究机构有经济合作与发展组织（Organization for Economic Cooperation and Development，OECD）等，大项目有日本组织的、南亚和东亚部分国家参加的 SEPIA 项目等。在国内，有国家统计局统计科学研究所、吉林大学系统工程研究所、国家科委中国科技促进发展研究中心、中国人民大学原计划方法教研室等机构，还有各个省市的经济预警研究部门。

上述国内外研究机构对指标体系的选择方面都做了深入的研究，同时，随着数理方法的发展，在经济预警指标体系的选择方面形成一整套比较成熟的方法，特别是，1967 年，美国全国经济研究局（National Bureau of Economic Research，NBER）的穆尔和美国商务部的希斯金在总结景气指标选择方法的基础上，提出一种定性和定量相结合的指标选择方法，称为评分系统。

通过对国外经济预警研究比较成熟的国家和机构，以及国内包括北京、上海、天津等城市在指标体系建立的研究成果的研究，可以发现，步骤和选择方法基本上是一致的。

通过分析、研究和总结，对国内外的经济预警指标体系建立的步骤总结如图 3.11 所示。

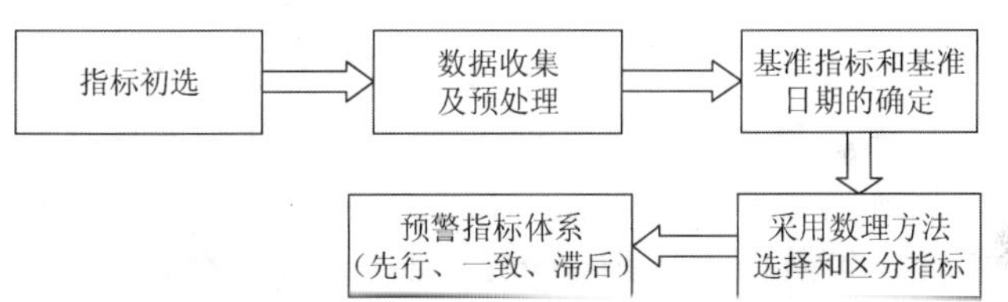

图 3.11　经济预警指标体系建立的步骤

1）指标初选

在指标选择的原则下，指标初选应该尽可能覆盖经济领域的各个方面，在经济领域内的重要指标，同时应该照顾到统计数据是否有月（季）数据。

2）数据收集及预处理

数据收集及预处理过程中，应该力求准确无误，采用同比、标准化或其他方法消除量纲，对于缺失的数据应该利用插值法或其他方法补全，得出时间数据序列。

3）基准指标和基准日期确定

要想从经济时间序列中选出可供使用的先行、一致、滞后指标，必须依据一个基准指标。基准指标选取尤为重要，而 GDP 没有月度数据，必须选取其他指标加以代替，国内外文献中大都选取工业总产值或工业增加值加以代替。

在基准指标的确定中应该选择和 GDP 季度变动基本一致的指标，并且考虑它在 GDP 中的比重。对在 GDP 中占较大比重的指标和 GDP 的季度数据，利用指标选取数理方法以 GDP 为基准指标加以处理，进而确定基准指标。

确定基准日期有两种方法，一是直接利用基准指标的转折点加以确定，二是利用基准指标和其他基准指标加以确定[23]。

4）运用数理方法建立指标体系

通过前面介绍的几种数理方法选取指标，同时区分先行、一致和滞后指标，利用评分系统，得出各个选择指标的权重，为后面分析打好基础。

3.5.2 编制景气预警指数

本部分主要采用指数预警法，它是国际上在经济预警中最为通用的方法之一。首先介绍几种经常使用的指数编制方法，然后把这些理论应用到实践中。

1. 扩散指数

景气可以分为扩张、收缩两大局面。经济繁荣时，各种经济活动活泼向上，大部分经济指标持续上升。但是，当景气迎来成熟阶段后，几个指标开始改变方向，转而下降的指标增多，当保持上升的指标与转为下降的指标均等时，即是景气由扩张局面向收缩局面变换的转折点（景气的峰）。其后，下降的指标逐渐占上风，经济进入萧条，大部分指标在收缩期里保持下降趋势。再往后，景气的前景又明朗起来，数个指标又转向上升，景气开始恢复，当仍在下降的指标和转而回升的指标均等时，即是景气由收缩期局面向扩张局面变换的转折点（景气的谷）。因此，扩散指数（diffusion index，DI）的基本思想是把保持上升（或下降）的指标占上风的动向，看作是景气波及、渗透的过程，将其综合，用来把握整个景气[24]。

1）扩散指数的制作方法

扩散指数是（先行、一致或滞后）指标组内第 t 月扩张（上升）指标个数占组内所采用指标个数的比例

$$\mathrm{DI}_t=\frac{\text{扩张指标数}_t}{\text{采用指标数}}\times 100\%,\quad t=1,2,\cdots,n \tag{3.7}$$

这里的关键问题是认定扩张与否是与什么时点相比较而言。一般来说，把本月值与它上个月的值相比是最理想的，但是用与上月比制成的扩散指数有可能因不规则变化而产生偏差，因此为了避免这种偏差，考虑用 3 个月做比较间隔。

设一指标序列对应于 1 月，2 月，3 月，…的数值为 $x_1,x_2,x_3,\cdots$。要求 4 月份

的数值与 1 月份的数值相比较，即考虑 $x_4 - x_1$。由于 $(x_4 - x_1)/3 = (x_2 + x_3 + x_4)/3 - (x_1 + x_2 + x_3)/3$，于是 4 月份的数值与 1 月份数值相比较的变化方向同 3 月份的 3 项移动平均与 2 月份的 3 项移动平均相比较的变化方向一致。后者比较稳定，故在扩散指数的制作中一般要求与前 3 个月值做比较。

2）扩散指数的分析与预测

（1）扩散指数的转折点。

由扩散指数的定义可见，当它大于 50%时，意味着有过半数的指标所代表的经济活动上升，反之，扩散指数低于 50%时，有过半数的经济活动下降。我们主要关注扩散指数是大于 50%还是小于 50%，而百分比的水平却没有更大的意义，因为它并不表示经济周期波动的振幅。

扩散指数之值为 50%时，就意味着经济活动的上升趋势与下降趋势平衡，表示该时刻是景气的转折点。在确定扩散指数的转折点时，为了避免不规则因素的影响，一般采用移动平均后的扩散指数（MDI）序列确定扩散指数的峰、谷日期。当 MDI 由上方向下方穿过 50%线时，取前一个月作为扩散指数峰的日期。而当 MDI 由下方向上方穿过 50%线时，取前一个月作为扩散指数谷的日期。图 3.12 显示了扩散指数的变动与宏观经济总体波动的对应关系。从图中可以清楚地看到扩散指数的极大值点和极小值点比宏观经济总体波动的峰和谷先行一段时间，这是扩散指数的特点之一。利用这一性质，可以提前预测景气的峰、谷的出现时间。

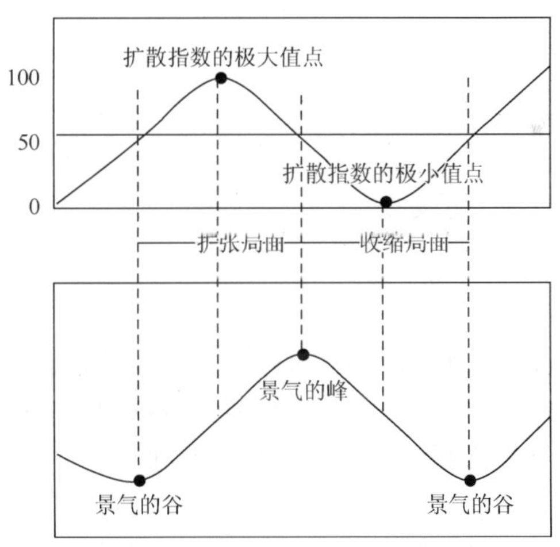

图 3.12　扩散指数的变动与宏观经济总体波动

（2）先行、一致、滞后扩散指数的作用。

在经济的扩张阶段，首先是显示领先性的先行指标中出现下降的指标，这时，先行扩散指数达到极大值点。进一步当经济进入过热状态后，对经济趋势有强劲影响力，以生产活动为中心的一致指标中也出现了下降的指标，从而一致扩散指数也达到了极大值点。随着下降指标的增多，上升指标和下降指标相均衡，达到景气的峰。随着下降指标的增加，经济进入收缩阶段。在收缩阶段的初期，一部分滞后指标仍要持续上升一段时间才开始下降。随着经济的衰退，下降指标不断增加，但是经济收缩到某一阶段，先行指标中的一部分出现回升，经济开始复苏，这种回升趋势逐渐向各领域渗透，回升的势头加强，一致指标也开始上升，不久下降序列和上升序列相均衡就达到景气的谷。

总之，如图 3.13 所示，首先是从先行指标出现景气局面发生转换的苗头，经过若干时差，逐渐向一致指标、滞后指标波及、渗透。因此，扩散指数是反映经济运动方向的一种综合尺度，定期地分析先行、一致、滞后扩散指数，可以较早地预测到经济周期波动的变化方向和转折点出现的时机。

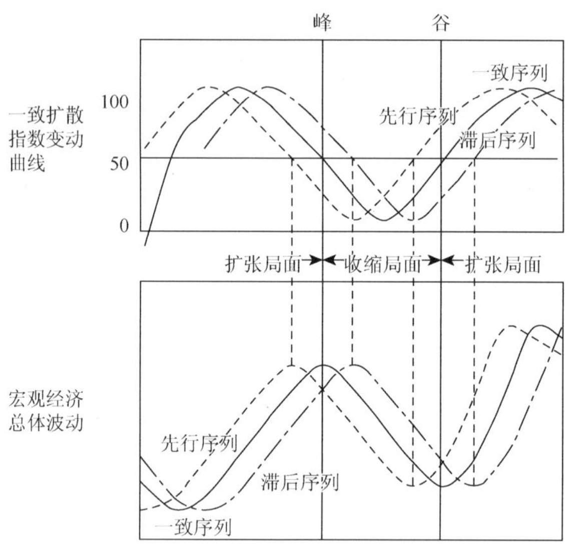

图 3.13　先行、一致、滞后扩散指数的变动与宏观经济总体波动

一般分析扩散指数除了画出图形进行分析外，还要列出定时表，定时表列出三种类型的扩散指数的转折点和基准日期的转折点（峰、谷）相比的超前期或滞后期，并且清楚地标明平均超前期，便于预测时使用。

3）累积扩散指数

从扩散指数的图形上观测景气变动不太直观，而且光滑性差，通常使用累积值的曲线。这种累积值的序列称为累积扩散指数(cumulative diffusion index，CDI)。一般的累积扩散指数是将每月的扩散指数减去 50 后，再累积得到，用 CDI 表示：

$$\mathrm{CDI}_i=\sum_{j=1}^{i}(\mathrm{DI}_j-50),\quad i=1,2,\cdots,n \tag{3.8}$$

令 $\mathrm{CDI}_0 = 0$，则可得递推关系式

$$\mathrm{CDI}_i = \mathrm{CDI}_{i-1} + (\mathrm{DI}_i - 50), \quad i = 1, 2, \cdots, n \tag{3.9}$$

从每月的扩散指数中减 50，是为了使景气上升（或下降）的变动与累积扩散指数上升（或下降）的变动相对应。求出扩散指数各月的数值的累积值，把它画成曲线，得到的曲线不仅变动平滑，中间变动被消除，而且转折点明显，与人们通常观测的景气变动的峰、谷一致。但需要注意的是，累积扩散指数和扩散指数的功能一样，也只能表明景气的变化方向而不反映变化的幅度。

2. 合成指数

扩散指数虽然能有效地预测经济周期波动的转折点，但却不能表示经济周期波动变化的强弱，即不反映波动的振幅。为了弥补这一不足，美国商务部的希斯金和 NBER 的穆尔编制了合成指数（composite index，CI），并于 1968 年使其实用化。合成指数除了能预测经济周期波动的转折点外，还能在某种意义上反映经济周期波动的振幅。合成指数和扩散指数一样，也是从表示各种经济活动的主要经济指标中选取一些对景气敏感的指标，用合成各指标变化率的方式，把握景气变动的大小。合成指数的构成也分为先行、一致、滞后指标组，各指标组的功能与扩散指数相同，所以扩散指数和合成指数常常使用同一套指标组。

目前国际上使用的合成指数主要有三种计算方法，包括美国商务部的合成指数的计算方法，日本经济企划厅的合成指数的计算方法，以及经济合作与发展组织的计算方法。其中，美国商务部的合成指数计算方法应用最为普遍，下面进行介绍，详见参考文献[25]。

1）求指标的对称变化率并将其标准化

（1）设指标 $Y_{ij}(t)$ 为第 j 指标组的第 i 个指标，$j = 1, 2, 3$ 分别代表先行、一致、滞后指标组，$i = 1, 2, \cdots, k_j$ 是组内指标的序号，k_j 是第 j 指标组的指标个数。首先对 $Y_{ij}(t)$ 求对称变化率 $C_{ij}(t)$：

$$C_{ij}(t) = 200 \times \frac{Y_{ij}(t) - Y_{ij}(t-1)}{Y_{ij}(t) + Y_{ij}(t-1)}, \quad t = 2, 3, \cdots, n \tag{3.10}$$

当构成指标 $Y_{ij}(t)$ 中有零或负值时，或者指标是比率序列时，取一阶差分：

$$C_{ij}(t) = Y_{ij}(t) - Y_{ij}(t-1), \quad t = 2, 3, \cdots, n \tag{3.11}$$

（2）为了防止变动幅度大的指标在合成指数中取得支配地位，各指标的对称变化率 $C_{ij}(t)$ 都被标准化，使其平均绝对值等于 1。首先求标准化因子 A_{ij}：

$$A_{ij} = \sum_{t=2}^{n} \frac{\left|C_{ij}(t)\right|}{n-1} \tag{3.12}$$

用 A_{ij} 将 $C_{ij}(t)$ 标准化，得到标准化变化率 $S_{ij}(t)$：

$$S_{ij}(t)=\frac{C_{ij}(t)}{A_{ij}},\quad t=2,3,\cdots,n \tag{3.13}$$

2）求各指标组的标准化平均变化率

（1）求出先行、一致、滞后指标组的平均变化率 $R_j(t)$：

$$R_j(t)=\frac{\sum_{i=1}^{k_j}S_{ij}(t)\cdot w_{ij}}{\sum_{i=1}^{k_j}w_{ij}},\quad j=1,2,3;t=2,3,\cdots,n \tag{3.14}$$

其中，w_{ij} 是第 j 组的第 i 个指标的权数。

（2）计算指数标准化因子 F_j：

$$F_j=\left[\sum_{t=2}^{n}\left|R_j(t)\right|/(n-1)\right]\Big/\left[\sum_{t=2}^{n}\left|R_2(t)\right|/(n-1)\right],\quad j=1,2,3 \tag{3.15}$$

注意：$F_2=1$。

（3）计算标准化平均变化率 $V_j(t)$：

$$V_j(t)=R_j(t)/F_j,\quad t=2,3,\cdots,n \tag{3.16}$$

用一致指标序列的平均变化率的振幅去调整先行指标序列和滞后指标序列的平均变化率，其目的是把三个指数当成一个协调一致的体系来应用。

3）求初始合成指数

令 $I_j(1)=100$，则

$$I_j(t)=I_j(t-1)\times\frac{200+V_j(t)}{200-V_j(t)},\quad j=1,2,3;t=2,3,\cdots,n \tag{3.17}$$

4）趋势调整

趋势调整这一步骤的目的是使三个指标组得到的合成指数的趋势与计算一致指标组中被采用的序列的趋势平均值一致。后者可以认为是总体经济活动中趋势动向的线性近似。虽然合成指数的作用是显示总体经济活动的方向变化，但是许多用户也把合成指数作为活动水准的指标。趋势调整使得三个合成指数成为具有整合性的系统，为测定循环变动带来方便。

（1）对一致指标组的每个序列分别求出各自的平均增长率。使用的方法是复利公式：

$$r_i=\left(\sqrt[m_i]{C_{L_i}/C_{I_i}}-1\right)\times 100,\quad i=1,2,\cdots,k_2 \tag{3.18}$$

$$C_{I_i}=\left(\sum_{t\in\text{最先循环}}Y_i(t)\right)\Big/m_{I_i} \tag{3.19}$$

$$C_{L_i}=\left(\sum_{t\in\text{最后循环}}Y_i(t)\right)\Big/m_{L_i} \tag{3.20}$$

其中，C_{I_i}与C_{L_i}分别是一致指标组第 i 个指标最先与最后循环的平均值；m_{I_i}与m_{L_i}分别是一致指标组第 i 个指标最先与最后循环的月数；k_2 是一致指标的个数；m_i 是最先循环的中心到最后循环的中心之间的月数。

然后求出一致指标组的平均增长率，把它称为目标趋势，且记为 G_r：

$$G_r=\left(\sum_{i=1}^{k_2}r_i\right)\Big/k_2 \tag{3.21}$$

（2）对先行、一致、滞后的初始合成指数 $I_j(t)\ (j=1,2,3)$ 分别用复利公式求出它们各自的平均增长率 r'_j：

$$r'_j=\left(\sqrt[m]{C_{L_j}/C_{I_j}}-1\right)\times 100 \tag{3.22}$$

这里，将式（3.19）和（3.20）中的 $Y(t)$ 换成 $I(t)$，即

$$C_{I_j}=\left(\sum_{t\in\text{最先循环}}I_j(t)\right)\Big/m_{I_j}$$

$$C_{L_j}=\left(\sum_{t\in\text{最后循环}}I_j(t)\right)\Big/m_{L_j}$$

（3）分别对三个指标组的标准化平均变化率 $V_j(t)$ 做趋势调整：

$$V'_j(t)=V_j(t)+(G_r-r'_j),\quad j=1,2,3;t=2,3,\cdots,n \tag{3.23}$$

5）计算合成指标

（1）令 $I'_j(1)=100$，则

$$I'_j(t)=I'_j(t-1)\times\frac{200+V'_j(t)}{200-V'_j(t)},\quad j=1,2,3;t=2,3,\cdots,n \tag{3.24}$$

（2）制成以基准年份为 100 的合成指数：

$$\mathrm{CI}_j(t)=(I'_j(t)/\overline{I}'_j)\times 100 \tag{3.25}$$

其中，$\overline{I}'_j$是$I'_j(t)$在基准年份的平均值。

有时，为了减少不规则变动，还要进行一次三项移动平均。

利用先行合成指数的平均超前期可以预测未来经济周期波动的转折点。另外，

从合成指数图形上可以清楚地观察到景气变动的振幅，从而可以分析每个周期收缩的深度、复苏的力度及扩张的程度等。

3.5.3 研究综合预警系统

景气指数旨在研究经济周期波动的规律，进而分析和预测经济波动的过程和趋势，但这些指数本身也不能直接告诉我们应当在何时、何种条件下采用何种调控措施。监测预警系统的另一大组成部分——预警信号系统，则能对宏观经济状况做出总体综合判断。它主要是通过分析经济波动的规律性，来建立反映宏观经济运行轨迹的监测预警系统。首先要选择一组反映经济发展状况的敏感性指标，运用有关的数据处理方法，将多个指标合并为一个综合性的指标，并通过类似于一组交通管制信号红、黄、绿灯的标志，对这组指标和综合指标的当时经济状况发出不同的信号，通过观察分析信号的变动情况，来判断未来经济增长的趋势。

本部分首先从单一经济指标预警开始研究，具体包括预警信号的设置、警限确定等，然后研究综合预警的指标的选择、警限设置、权重确定。

1. 单指标预警研究

本部分主要分析宏观经济预警中，单指标信号设置以及单指标警限确定的方法。

1）单指标的信号设置

根据改革开放以来我国经济运行的轨迹，我们将判断区域分为“过热”“偏热”“正常”“偏冷”和“过冷”五个域，分别以“红灯”“黄灯”“绿灯”“浅蓝灯”“蓝灯”表示。“红灯”表示经济景气“过热”，此时财政金融机构应采取紧缩措施，使经济恢复正常状况。“黄灯”表示经济景气尚稳，经济增长“稍热”，在短期内有转热和趋稳的可能，由“红灯”转为“黄灯”时，不宜继续紧缩。由“绿灯”转为“黄灯”时，在“绿灯”时期所采取的措施虽可继续维持，但不宜进一步采取促进经济增长的措施，并且应关注今后景气的变化，以便及时采取调控措施避免经济过热。“绿灯”表示当时的经济发展很稳定，政府可在稳定中采取促进经济增长的调控措施。“浅蓝灯”表示经济短期内有转稳和萎缩的可能，由“浅蓝灯”转为“绿灯”时，表示经济发展速度趋稳，可继续采取促进经济增长的措施。由“绿灯”转为“浅蓝灯”时，表示经济增长率下降，此时应关注今后景气的动向，适当采取调控措施，以使经济趋稳。“蓝灯”表示经济景气衰退，若信号由“浅蓝灯”转为“蓝灯”，表示经济增长率开始跌入谷底，此时政府应采取强有力的措施来刺激经济增长。

2）单指标预警界限的确定

单个指标临界点的确定在编制预警信号系统中起着很关键的作用，而且是一件很复杂、很细致的工作。在确定单个指标临界点的时候，必须遵循以下两个原则：第一，要根据每个指标的历史数据的实际落点，确定出指标波动的中心线，并以此作为该指标正常区域的中心；然后根据指标出现在不同区域的概率要求，求出基础临界点，即数学意义上的临界点。第二，在数据长度过短或是经济长期处于不正常状态的时候，必须通过经济理论和经验判断，对该指标剔除异常值。在实践中，预警界限确定的方法通常有以下几种。

（1）经验分析法。

经验分析法的第一步是按大多数人的看法，确定以往各年经济所处的运行状态，并剔除一些争议过大的年份；第二步是计算监测指标在各种运行状态的平均值，并作为确定相关临界值的依据。确定适度上限和下限的依据是历史平均水平、正常年份的平均值、按波动过程划分的时期平均值；确定严重过热临界值的依据是历史上经济过热和严重过热时期的平均值；确定严重过冷临界值的依据是历史上经济过冷和严重过冷时期的平均值；确定最大临界值和最小临界值的依据是历史上的最大值和最小值。

用经验分析法来测算临界值，对历史数据有较高要求。一是数据序列必须要有足够的时间长度，至少要包括两个完整波动过程；二是各种经济运行状态在以往波动中均出现过。若不满足这两个要求，经验分析法就只能用于测算部分临界值，并且可靠性也较差。

经验分析法测算的临界值一般只能作为初步结果，用作进一步分析的参考。

（2）统计方法。

统计方法即从形式上，根据各灯区定位方式的不同，分为以下三类。

第一类：正常区（绿灯）由上限和下限同时确定，如图 3.14 所示。

第二类：正常区（绿灯）由其下限确定，如图 3.15 所示。

第三类：正常区（绿灯）是由上限确定的，如图 3.16 所示。

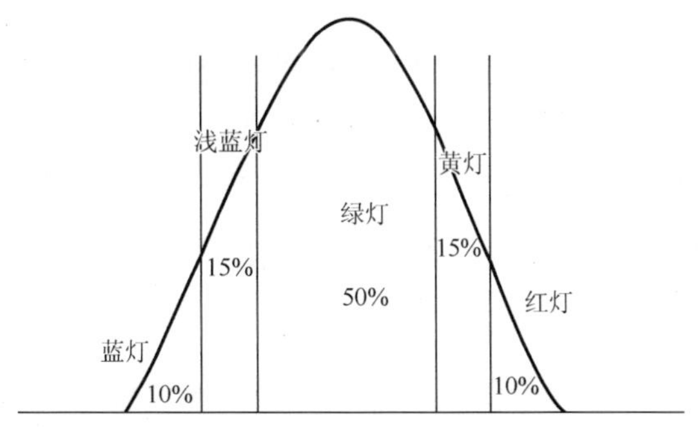

图 3.14　正常区由上限和下限确定分布图

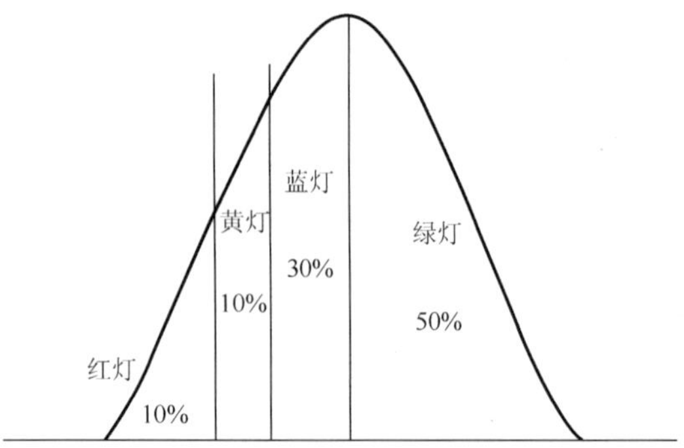

图 3.15　正常区由下限确定分布图

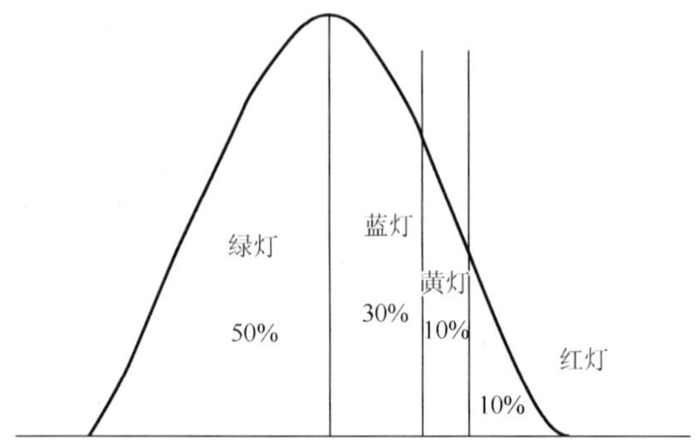

图 3.16　正常区由上限确定分布图

根据 t 分布进行区间估计，置信度为 $1-\alpha$ 的置信区间为

$$\left[\bar{x}-t_{\alpha/2}(n-1)\frac{s}{\sqrt{n}},\bar{x}+t_{\alpha/2}(n-1)\frac{s}{\sqrt{n}}\right]$$

按上述图分别求出置信度为 50%，60%，80%，90%的置信区间，然后据此确定各指标预警区间。

（3）样本比重法。

样本比重法是吉林大学经济预警系统软件常用的一种方法。该方法是将每一预警指标的样本数据在图上描点，然后根据点的分布状况再确定预警控制线。一般的做法是，红灯区的点数占全部点数的 10%，黄灯区的点数占全部点数的 15%，绿灯区的点数占全部点数的 50%，浅蓝灯区点数占全部点数的 15%，蓝灯区的点数占全部点数的 10%。

（4）第四种方法。

我们在确定每个指标的检查值时，主要根据过去经济变动或经济循环的情形，以及各个时期所采取的宏观调控政策，并参考未来经济发展计划的目标等情况综合考虑。

①工业增加值增长率的预警界限。

工业增加值与经济循环变动基本一致，因此首先确定工业增加值增长率的检查值。取波峰的工业增加值增长率的平均值作为该指标“红”“黄”灯的界限，用谷底的工业增加值增长率的平均值作为“浅蓝”“蓝”灯的界限。取工业增加值增长率的平均值作为“绿”灯上界，取平均增长率的 75%作为其下界。

②其他指标增长率的预警界限。

其余指标检查值的确定，基本上是参照工业增加值增长率确定其四道预警界线。

相交的月份，把所求指标增长率在相应时期的平均值作为此指标的检查值，但是对每个指标还要做具体分析，并适当地做一些不同的处理。

2. 综合预警系统研究

综合预警系统主要是通过分析经济波动的规律性，来建立反映宏观经济运行轨迹的监测预警系统。首先要选择一组反映经济发展状况的敏感性指标，运用有关的数据处理方法，将多个指标合并为一个综合性的指标，并通过类似于一组交通管制信号红、黄、绿灯的标志，对这组指标和综合指标的当时经济状况发出不同的信号。通过观察分析信号的变动情况，来判断未来经济增长的趋势。

1）综合预警指标选择的原则

景气信号指标的选择的原则与其他经济预警指数的指标选择相差不多，除了考虑经济意义、与经济变动协调一致、反映经济变动灵敏可靠、描述经济变动的代表性、指标变动轨迹的规则性和稳定性、获取数据的及时性等原则以外，还应该注意下列三点。

（1）一般应当从监测预警指标体系中选取。

（2）一般地，景气监测信号系统选取指标的数量为 10 个左右，其选择规则仍以景气监测指标的原则进行。由于指标数量少，因此在选择指标时更需要慎重，必须兼顾经济的重要性、敏感性、相关性以及先行、同步、滞后的关系。

（3）为了预警的需要，应考虑指标的先行性和一致性。

2）综合分数的计算

根据前面单指标的相关理论，确定每一个综合预警选择指标的界限和各个时期的景气信号。然后，每一种信号给以不同的分数，如红灯 5 分，黄灯 4 分，绿灯 3 分，浅蓝灯 2 分，蓝灯 1 分。设选择了 M 个预警指标，当全部指标为红灯时，综合分数为最高分 $5M$ 分；全部为蓝灯时，综合分数为最低分 M 分。每月将 M 个指标所示的信号分数合计得到综合分数[26]，然后通过综合分数的检查值来判断当月的预警信号应亮哪一种灯。

预警信号的综合分数可用下式来计算：

$$B=\sum_{i=1}^{M}K_i$$

其中，B 表示景气系数的综合分数；K_i 表示第 i 个指标的景气状态分数。

为了反映各个入选指标在宏观经济活动中的作用和对总体经济景气的影响程度，可以对每个指标赋予相应的权数，通过加权的方法计算系统的综合分数。考虑了权重因素的计算公式为

$$B=\sum_{i=1}^{M}w_iK_i \tag{3.26}$$

其中，w_i 表示第 i 个景气指标的权重；确定 w_i 的方法一般为层次分析法（AHP）或者由评分系统得分加以确定，或粗略认为 $W=\left(\frac{1}{M}\frac{1}{M}\cdots\frac{1}{M}\right)$。

3）权重的确定

有很多权重的确定方法，例如，层次分析法[29]，模糊评判法，评分系统确定权重法，基于粗糙集理论的权重确定方法[30]，信息熵法及离差最大化法等。考察其他地区综合预警系统权重的确定方法并结合四川省的实际情况，我们使用信息熵法及CRITIC 法来尝试确定四川省综合预警系统权重，两种方法的基本原理如下。

a. 信息熵法

具体方法参考文献[31]。

熵的概念最初产生于热力学，它被用来描述运动过程中的一种不可逆现象，后来在信息论中用熵来表示事物出现的不确定性，下面介绍基于信息熵的权重确定方法，具体步骤如下。

步骤 1：对于某一多属性问题，构造决策矩阵 $\boldsymbol{A}=(a_{ij})_{n\times m}$，并利用适当的方法把它规范化为 $\boldsymbol{R}=(r_{ij})_{n\times m}$。

步骤 2：计算矩阵 $\boldsymbol{R}=(r_{ij})_{n\times m}$，得到列归一化矩阵 $\boldsymbol{R}=(r)_{n\times m}$，其中

$$r_{ij}=\frac{r_{ij}}{\sum_{i=1}^{n}r_{ij}},\quad i\in N;\quad j\in M$$

步骤 3：计算属性 u_j 输出的信息熵

$$E_j=-\frac{1}{\ln n}\sum_{i=1}^{n}r_{ij}\ln r_{ij},\quad j\in M$$

当 $r_{ij}=0$ 时，规定 $r_{ij}\ln r_{ij}=0$。

步骤 4：计算属性权重向量 $\boldsymbol{w}=(w_1,w_2,\cdots,w_n)$，其中

$$w_j=\frac{1-E_j}{\sum_{k=1}^{m}(1-E_k)} \tag{3.27}$$

b. CRITIC 法[27]

CRITIC（criteria importance through intercrieria correlation）法也是一种客观赋权法，它不仅考虑了指标变异大小对权重的影响，还考虑了各指标之间的冲突性，比起熵权法结果更加科学。其步骤如下：

（1）设有某个多属性决策问题的方案集 $\boldsymbol{S}=\{S_1,S_2,\cdots,S_m\}$，其指标集 $\boldsymbol{P}=\{P_1,P_2,\cdots,P_n\}$。则第 i 个方案 S_i 对第 j 个指标 P_j 的属性值记为 a_{ij}，$i=1,2,\cdots,m$, $j=1,2,\cdots,n$, $\boldsymbol{A}=(a_{ij})_{m\times n}$ 称为决策矩阵。

（2）因为各个指标的客观权重是以对比强度和冲突性来综合衡量的，第 j 个指标与其他指标的冲突性量化指标为 $\sum_{t=1}^{n}(1-r_{tj})$，其中 r_{tj} 用来评价指标 t 和 j 之间的相关系数。设 C_j 表示第 j 个评价指标所包含的信息量，则 C_j 表示为

$$C_j=\sigma_j\sum_{t=1}^{n}(1-r_{tj}),\quad j=1,2,\cdots,m \tag{3.28}$$

其中，σ_j 为第 j 个指标的标准差。

（3）C_j 越大，说明第 j 个评价指标所包含的信息量越大，该指标的相对重要性也就越大，所以第 j 个指标的客观权重为

$$\theta_j=C_j\sum_{j=1}^{m}C_j,\quad j=1,2,\cdots,m \tag{3.29}$$

（4）综合预警信号警限的确定。

本部分主要介绍传统的确定方法、突变理论和模糊层次分析法等，重点介绍了传统的确定方法，也是目前实际中运用最多的方法。

①传统的确定方法。

景气综合指数的预警界限值是人为界定的[23]。根据多年的实践，我们一般取满分 5*M* 的 84%（±3%）为景气综合指数“红灯”与“黄灯”的界限值，取满分 5*M* 的 72%（±2%）和 50%（±2%）为“绿灯”的上下界，取满分 5*M* 的 38%（±2%）为“浅蓝灯”与“蓝灯”的界限。信号的经济含义见表 3.8。

表 3.8　信号的经济含义

信号	经济含义	调控措施选择
红灯	经济过热	紧缩政策
黄灯	经济稍热	短期内有转热和超稳的可能
绿灯	经济稳定	促进经济增长的措施，转黄灯时绿灯期的措施可以维持，转浅蓝灯时，经济增长趋降，应采取超稳措施
浅蓝灯	经济趋降	短期内有转稳或过冷的可能
蓝灯	经济萎缩	采取强有力的刺激经济增长措施

同时，对于已经选取的景气监测预警指标和相应的预警界限值，应随着经济结构的变化、政府调控的变化、统计指标口径的变化等因素进行修正，一般是每年进行一次微调，一个景气循环以后做一次大的修正。

②突变理论。

突变理论是比利时数学家雷内·托姆于 1972 年创立的关于奇点的理论。它是建立于拓扑动力学、微积分、奇点理论及结构稳定性等数学理论之上，专门研究不连续变化的理论[28, 29]。尽管其推导过程十分复杂，但是由于它所提出的七个初等突变模型较为简洁直观，突变理论在物理学、化学、生物、地理、交通、心理学、经济学、管理学等方面有着广泛的应用。

应用突变理论中的尖点突变模型，借助于经济分析力学中经济动能与经济势能的概念，分别以经济动能的函数与经济势能的函数为控制变量；并在此基础之上，确定了突变临界点的判断方法，进而确定警限。

③模糊层次分析法评判模型。

层次分析法是美国匹兹堡大学教授萨蒂（T.L.Saaty）于 20 世纪 70 年代提出的一种多目标、多准则的决策分析方法，该方法被广泛应用于工程、经济、军事、政治、外交等领域，是一种定量分析与定性分析相结合的有效分析方法。

层次分析法的基本原理从实质上讲是一种思维方式，主要根据问题的性质和所要达到的总目标，将复杂问题分解为不同的组成因素，按照因素间的相互关联以及隶属关系组成递阶层次结构，将这些因素按支配关系通过两两比较的方式确定同层次中诸因素的相对重要性；然后按不同层次聚集组合，综合决策者的判断，形成一个多层次的分析结构模型；最终把系统分析归结为确定最低层方案、措施、因素等相对于最高层总目标的重要性权值或优劣次序的排序问题，作为决策的依据[29]。

1965 年，美国控制论专家、加利福尼亚大学教授查德（L.A.Zadeh）提出了模糊集合的概念，用隶属函数来刻画元素对集合属于程度的连续过渡性，从而诞生了模糊集合论，提供了对模糊现象进行定量描述和分析运算的方法。

模糊综合评价法是利用模糊数学理论针对有大量非定量化因素的评价系统而提出的一种评价方法。它是在确定评价指标及其权重和评价标度的基础上，用模糊隶属度的方式来度量评价分析对象，从而获得评价系统各替代方案优先顺序的有关信息。

F-AHP 就是将层次分析法和模糊数学结合起来的一种评价方法。先采用层次分析法（analytic hierarchy process，AHP）确定各评价指标的权重系数，然后利用模糊综合评价方法确定预警界限。

（5）景气信号系统的检验和评价。

对景气信号系统的综合分数和一致合成指数进行景气趋势时差关联分析；然后，利用相关系数和延迟数观察景气信号系统的综合分数与一致合成指数是否一致，景气信号系统中指标和界限值的确定是否合理，它是否能够反映经济循环的峰、谷和波动幅度。

3.5.4　设计经济预警系统

建立经济预警系统，需要做出系统功能分析、业务流程分析、数据流程分析，并在此基础上做出数据库设计。

1. 系统功能分析

经济预警系统是管理驾驶舱最为重要的系统，其他系统都是围绕该系统需要实现的功能来设定。预警系统功能分为以下两部分。

1）后台管理功能

分析人员经身份验证登录后，在后台可以进行预警操作分析，分析人员根据需要选择景气预警分析，计算一致指数和先行指数，选择主要经济指标做单指标预警，进一步做综合预警，把景气预警的结果和综合预警的结果结合起来做警情分析。如果发现警情，可以调用经济仿真模型做经济政策模拟仿真，模拟调整哪些指标的值可以解除警情，提供辅助决策依据；如果当前没有警情，也可以调用经济预测模型对主要经济指标的发展趋势做出预测，在此基础上调用综合预警模型做出对未来经济发展状况的预警分析，一旦发现将来可能出现警情，继续调用经济仿真模型做政策模拟，提出解除警情的方案。

2）前台展示功能

用户登录后，进入主页面，可以根据需要对当前经济情况预警，也可以对未来经济情况预警，该结果以表格数据、文本说明和图形展示。

后台决定当前和未来经济预警情况，前台只有查看功能，前台展示的表格数据、文字说明以及图形说明均来源于通过后台操作保存到数据库中的数据表。

经济预警系统的功能如图 3.17 所示。

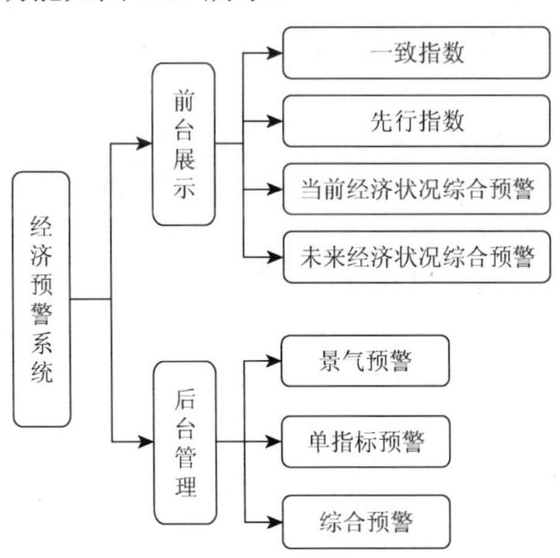

图 3.17　经济预警系统的功能图

2. 业务流程分析

宏观经济信息管理驾驶舱的核心是要实现经济预警，管理驾驶舱要调用经济预测系统和经济仿真系统来辅助实现经济预警，经济预警系统业务处理流程图如图 3.18 所示。

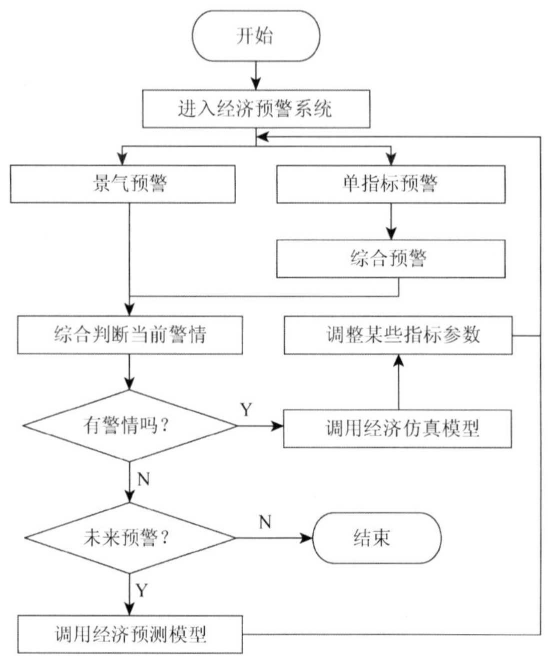

图 3.18　经济预警业务处理流程图

3. 数据流程分析

经济预警系统的数据流程图如图 3.19 所示。

3.6　经济预测集成模式

预测就是根据已知事件去推测未知事件。广义的预测，不仅包括对目前还没有发生的事件进行推断，还包括对现在已经发生但尚未观察到的事件进行预测。预测是在错综复杂的因素中研究探索事件发展的未来，它是一门综合性学科。经济预测是将预测的理论和方法应用于经济系统，将未来学与经济学相结合而产生的一门交叉学科[32]。

常用的经济预测模型有两类：时间序列计量经济学模型和数据挖掘模型。常用的时间序列计量经济学模型有两种：自回归移动平均模型和向量自回归模型；常用的数据挖掘模型有三种：人工神经网络、自组织数据挖掘、贝叶斯分类。

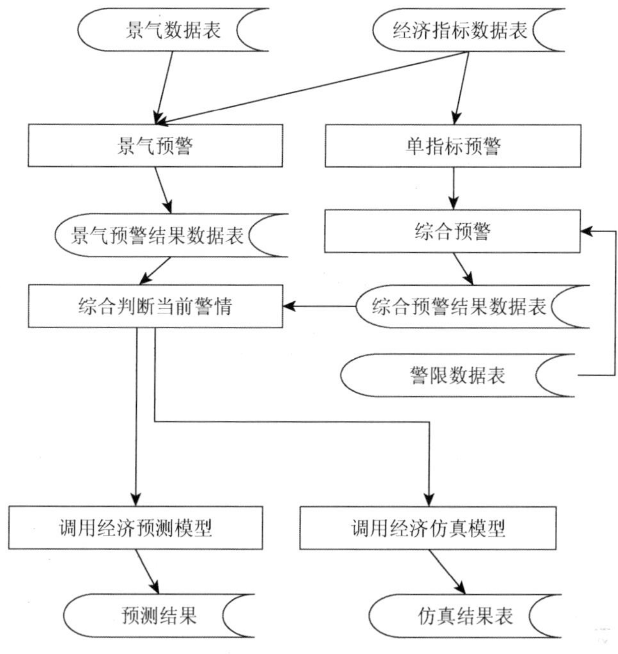

图 3.19　经济预警数据流程图

在管理驾驶舱中的经济预测集成模式如图 3.20 所示。

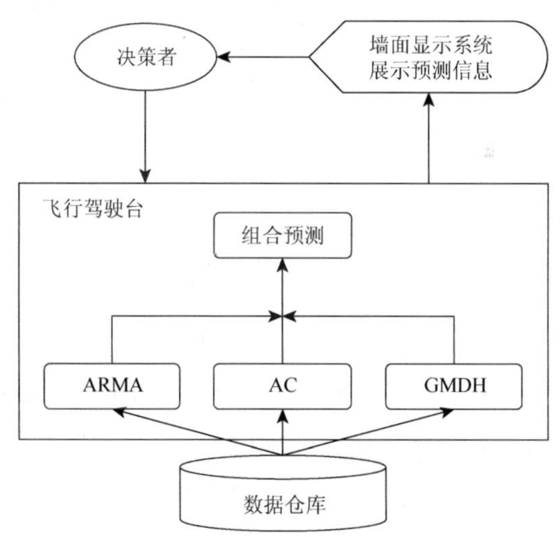

图 3.20　经济预测集成模式

管理驾驶舱的飞行驾驶台具有经济预测的功能，经济预测集成模式由 GMDH、AC 和 ARMA 三个模型组成，应用数据仓库集成的各种粒度的数据，可以分别调用单个模型对未来经济发展趋势做出预测，并且可以在此基础上把单个模型的预测结果集成起来，实现组合预测。通过墙面显示系统展示预测信息，供决策者选择预测结果。

3.6.1 ARMA 模型

ARMA 模型是博克斯-詹金斯（Box-Jenkins，B-J）方法论中的一种模型方法。1970 年，美国统计学家 Box 和英国统计学家 Jenkins 的专著《时间序列分析：预测和控制》的问世，带来了新一代的预测工具。在“让数据自己说话”的哲理指引下，着重分析经济时间序列本身的概率或随机性质。B-J 方法论对平稳时间序列数据，提出自回归滑动平均模型以及一整套的建模、估计检验、预测和控制方法以来，吸引了许多方面的专家学者对其理论与方法的进一步研究。由于该方法是针对平稳数据的建模，所以从这些数据推测出来的任何模型本身就可解释为平稳的或稳定的，从而为预测奠定了有效的基础[33]。下面 ARMA 模型的基本原理均参考 Jenkins 的专著《时间序列分析：预测和控制》。

1. 平稳时间序列模型结构

自回归滑动平均混合模型记为 ARMA(p, q)。

零均值随机序列 $\{X_t, t=0,\pm1,\cdots\}$ 的一般数学描述为

$$X_t-\phi_1 X_{t-1}-\cdots-\phi_p X_{t-p}=a_t-\theta_1 a_{t-1}-\cdots-\theta_q a_{t-q} \tag{3.30}$$

其中，$\phi_j(1\leqslant j\leqslant p)$ 和 $\theta_j(1\leqslant j\leqslant q)$ 为实参数，a_t 为满足条件的白噪声。方程（3.30）称为 p 阶自回归-q 阶滑动平均混合模型，记为 ARMA(p, q)。显然，ARMA(p, q) 模型是 AR(p)和 MA(q)的混合模型。

2. ARMA 模型的参数估计

ARMA(p, q)的标准方程式为

$$X_t-\sum_{i=1}^{p}\varphi_i X_{t-i}=\alpha_t-\sum_{j=1}^{q}\theta_j\alpha_{t-j} \tag{3.31}$$

其中，$\varphi_i(1\leqslant i\leqslant p)$、$\theta_j(1\leqslant j\leqslant q)$ 和 α_t 的方差 σ_α^2 为带估计参数。

1）低阶 ARMA(p, q)模型参数的近似矩估计

第一步：给出 AR(p)部分 $\varphi_1,\varphi_2,\cdots,\varphi_p$ 的矩估计，利用 $r>q$ 时的样本自相关方程组，即

$$\begin{bmatrix}\varphi_1\\ \varphi_2\\ \vdots\\ \varphi_p\end{bmatrix}=\begin{bmatrix}\rho_q & \rho_{q-1} & \cdots & \rho_{q-p+1}\\ \rho_{q+1} & \rho_q & \cdots & \rho_{q-p+2}\\ \vdots & \vdots & & \vdots\\ \rho_{q+p-1} & \rho_{q+p-2} & \cdots & \rho_q\end{bmatrix}^{-1}=\begin{bmatrix}\rho_{q+1}\\ \rho_{q+2}\\ \vdots\\ \rho_{q+p}\end{bmatrix} \tag{3.32}$$

由于未考虑 $r \leqslant q$ 时的方程式，也就是暂不考虑滑动平均部分的作用，因此解出的 φ_i 是一种近似值（本系统选用的是最小二乘算法估计 AR 部分参数）。

第二步：引入变量 $Y_t = X_t - \varphi_1 X_{t-1} - \cdots - \varphi_p X_{t-p}$，其自协方差函数为

$$\begin{aligned} R_r(Y) &= E[Y_t Y_{t+r}] \\ &= E[(X_t - \phi_1 X_{t-1} - \cdots - \phi_p X_{t-p})(X_{t+r} - \phi_1 X_{t+r-1} - \cdots - \phi_p X_{t+r-p})] \\ &= \sum_{i,j=0}^{F} \varphi_i \varphi_j R_{r+j-1} (\varphi_0 = 1) \end{aligned} \tag{3.33}$$

将样本矩估计值代入，于是得 Y_t 的自协方差函数

$$\hat{R}_r(Y) = \sum_{i,j=0}^{p} \varphi_i \varphi_j \hat{R}_{r+j-1} \tag{3.34}$$

第三步：将 Y_t 近似看作 MA(q)过程，即

$$Y_t \approx \alpha_t - \theta_1 \alpha_{t-1} - \cdots - \theta_q \alpha_{t-q}$$

利用 MA(q)模型参数的矩估计方法，求解下列方程

$$\begin{cases} \hat{R}_0(Y) = \hat{\sigma}_\alpha^2 (1 + \hat{\theta}_1^2 + \cdots + \hat{\theta}_q^2), & r = 0 \\ \hat{R}_r(Y) = \hat{\sigma}_\alpha^2 (-\hat{\theta}_r + \hat{\theta}_1 \hat{\theta}_{r+1} + \cdots + \hat{\theta}_{q-r} \hat{\theta}_q), & 1 \leqslant r \leqslant q \end{cases} \tag{3.35}$$

必须指出，上述方法只能得到 ARMA(p, q)模型参数的近似解，估计精度不会很高，并且当样本长度 N 固定时，模型参数的估计精度将随总阶数 $p+q$ 的增加而降低。因此，采用上述方法进行初估计时，模型阶数不宜过高。对于高阶 ARMA(p, q)模型，一般采用“逆函数”方法进行参数的初估计。

2）MA 部分参数估计方法（线性迭代法）

将式（3.35）写成

$$\hat{\sigma}_\alpha^2 = \frac{\hat{R}_0}{(1 + \hat{\theta}_1^2 + \cdots + \hat{\theta}_q^2)} \tag{3.36}$$

$$\hat{\theta}_r = -\frac{\hat{R}_r}{\hat{\sigma}_\alpha^2} + \hat{\theta}_1 \hat{\theta}_{r+1} + \cdots + \hat{\theta}_{q-r} \hat{\theta}_q \tag{3.37}$$

在可逆域内，给出参数 $\hat{\theta}_1, \hat{\theta}_2, \cdots, \hat{\theta}_q$ 和 $\hat{\sigma}_\alpha^2$ 的一组初值，例如，$\hat{\theta}_1 = \hat{\theta}_2 = \cdots = \hat{\theta}_q = 0$ 和 $\hat{\sigma}_\alpha^2 = R_0$ 或 $\hat{\theta}_1 = 1, \hat{\theta}_2 = \cdots = \hat{\theta}_q = 0$ 和 $\hat{\sigma}_\alpha^2 = \dfrac{R_0}{2}$，代入式（3.36）和式（3.37）右边，可得第一次迭代值 $\hat{\theta}_1^{(1)}, \hat{\theta}_2^{(1)}, \cdots, \hat{\theta}_q^{(1)}, \hat{\sigma}_\alpha^{2(1)}$；再将它们代入式（3.36）和式（3.37）右边，可得第二次迭代值 $\hat{\theta}_1^{(2)}, \hat{\theta}_2^{(2)}, \cdots, \hat{\theta}_q^{(2)}, \hat{\sigma}_\alpha^{2(2)}$；以此类推，可得第 $m-1$ 次迭代值 $\hat{\theta}_1^{(m-1)}, \hat{\theta}_2^{(m-1)}, \cdots, \hat{\theta}_q^{(m-1)}, \hat{\sigma}_\alpha^{2(m-1)}$。如果

$$\left| \hat{\theta}_j^{(m)} - \hat{\theta}_j^{(m-1)} \right| \leqslant \varDelta, \quad 1 \leqslant j \leqslant q \tag{3.38}$$

$$\left|\hat{\sigma}_{\alpha}^{2(m)}-\hat{\sigma}_{\alpha}^{2(m-1)}\right|\leqslant \varDelta \tag{3.39}$$

则停止迭代，并且 MA(q)模型参数的估计值为 $\hat{\theta}_1^{(m)},\hat{\theta}_2^{(m)},\cdots,\hat{\theta}_q^{(m)},\hat{\sigma}_{\alpha}^{2(m)}$ 。式（3.39）中的 $\varDelta$ 为预先设定的迭代精度。

3）自协方差函数与自相关函数

由于观测数据总是有限的，所以只能利用有限长度样本数据 $\{X_t,1\leqslant t\leqslant N\}$ 来计算自协方差 R_k 和 R_0 的估计值 $\hat{R}_k$ 和 $\hat{R}_0$，其估计公式是

$$\hat{R}_k=\frac{1}{N-k}\sum_{t=k+1}^{N}X_tX_{t-k},\quad 0\leqslant k\leqslant N-1 \tag{3.40}$$

或

$$\hat{R}_k=\frac{1}{N}\sum_{t=k+1}^{N}X_tX_{t-k},\quad 0\leqslant k\leqslant N-1 \tag{3.41}$$

$$\hat{\sigma}^2x=\hat{R}_0=\frac{1}{N}\sum_{t=1}^{N}X_t^2 \tag{3.42}$$

于是得自相关函数

$$\hat{\rho}_k=\frac{\hat{R}_k}{\hat{R}_0},\quad 0\leqslant k\leqslant N-1 \tag{3.43}$$

可以证明，由式（3.41）确定的 $\hat{R}_k$ 可以构成非负定列，并且 $\hat{R}_k$ 是 R_k 的渐近无偏估计，具有相容性、渐近正态分布的特点。而由式（3.40）确定的 $\hat{R}_k$ 仅是 R_k 的无偏估计。然而，当 $N\to\infty$ 时，两者是一致的。在实际计算中，一般取 $k_{\max}<\dfrac{N}{4}$，通常只取 $k_{\max}<\dfrac{N}{10}$。

4）ACF 的统计显著性检验（平稳检验）

置信区间法：若一个时间序列是纯随机的，即表现出白噪声性状，则 $\hat{\rho}_k\sim N(0,1/n)$，若区间 $\left[\hat{\rho}_k-z_{\alpha/2}\sqrt{1/n},\hat{\rho}_k+z_{\alpha/2}\sqrt{1/n}\right]$ 包括零值，则不拒绝真实 ρ_k 为零的假设，即序列在 k 阶滞后的情况下是平稳的。其中，置信度 $1-\alpha$ 考虑 0.9，0.95，0.975，0.99，可查相关的标准正态分布表。

3. ARMA 模型的定阶与检验

AIC 准则：

$$\mathrm{AIC}=\mathrm{e}^{2k/n}\frac{\sum(Y-\hat{Y})^2}{n}$$

其中，Y 为实际值，$\hat{Y}$ 为估计值，n 为序列长度，k 为回归元的个数（含截距项）。在给出的几个估计模型中选择一个最优的，即 AIC 值最小。

3.6.2　AC 模型

由 Lorence 发展起来的相似体合成（analog complexing，AC）模型首先成功地应用于气象的预测[34]。AC 模型可以看作是对复杂对象的预测聚类和分类的一种序列模式识别方法。该方法基于如下假设：时间过程的典型情形将以某种形式重复，即对于一个给定的多维时间过程，其状态发展的当前时期在历史上可能有一个或多个的相似时期。这样，可以通过将历史上相似时期的已知发展状态加以变换并组合，作为当前状态的将来发展状态，从而获得预测。值得注意的是，与通常的参数模型相比，在对输出变量进行预测时，AC 模型不需要预先对输入变量的发展趋势进行估计或作假设，即预测完全由已知的数据给出，是真正意义上的预测。这也是它优于一般预测方法的特点。

近年来，AC 模型由于结合归纳自组织数据挖掘方法和先进的选择程序而增强了应用能力。应用 AC 模型进行预测时，一般需要被研究的过程满足如下假设：系统是多维过程；过程的长期观察值是有效的；多维过程是有充分代表性的，即数据集由系统的基本变量构成；过程的行为一般将在一段时间内相似地重复。

AC 模型包含三个步骤：待选模式的产生、待选模式的变换、相似模式的选取[35]。

1. 待选模式的产生

对于一个给定的具有 N 个观察值的实值 m 维序列 $x_t=\{x_{1t},\cdots,x_{mt}\}(t=1,2,\cdots,N)$，一个模式定义为从第 i 行开始的含有 k 行的矩阵 $P_k(i)$，这里 k 称为模式长度 $(i=1,2,\cdots,N-k+1)$：

$$P_k(i)=\begin{bmatrix} x_{1i} & \cdots & x_{li} & \cdots & x_{mi} \\ \vdots & & \vdots & & \vdots \\ x_{1,i+j} & \cdots & x_{l,i+j} & \cdots & x_{m,i+j} \\ \vdots & & \vdots & & \vdots \\ x_{1,i+k-1} & \cdots & x_{l,i+k-1} & \cdots & x_{m,i+k-1} \end{bmatrix}_{k\times m} \tag{3.44}$$

将所有可能的待选模式 $P_k(i)(i=1,\cdots,l,\cdots,N-k+1)$ 与参照模式相对比，希望找出与参照模式相似的模式来研究系统的行为。根据任务的不同，参照模式可以是任何特定的模式。由于 AC 模型将相似模式的延拓组合起来作为参照模式的发展状态，因而用该方法预测时，应该使预测区间恰好是参照模式的延拓，于是选用预测起点前的最近一个已知模式作为参照模式，即取 $P^{\mathrm{R}}=P_k(N-k+1)$。

2. 待选模式的变换

根据工作原理，对于长度为 k 的某参照模式，在数据样本中可能有一个或几个长度为 k 的相似模式。但是由于系统是动态的，不同时期的相似模式可能具有不同的平均值和标准方差。

在步骤 1 的例子中，考虑待选模式 $P_2(1)$与 P^R 的相似性。显然它们有相同的发展趋势和结构（矩阵 $P_2(1)$的每个元素加上 6 后就等于 P^R），可认为 $P_2(1)$与 P^R 是相似的。但 $P_2(1)$和 P^R 的平均值与标准方差相差甚远，因此，为了下面将进行的模式间相似性的度量，必须寻找待选模式到参照模式的变换来描述这些差异，即将模式变换到同一基准点上从而使它们具有可比性。模式间的变换一般取线性变换，变换后的模式为

$$T_i[P_k(i)]=\begin{bmatrix} x_{1i}^* & \cdots & x_{li}^* & \cdots & x_{mi}^* \\ \vdots & & \vdots & & \vdots \\ x_{1,i+j}^* & \cdots & x_{l,i+j}^* & \cdots & x_{m,i+j}^* \\ \vdots & & \vdots & & \vdots \\ x_{1,i+k-1}^* & \cdots & x_{l,i+k-1}^* & \cdots & x_{m,i+k-1}^* \end{bmatrix} \tag{3.45}$$

这里

$$x_{l,i+j}^* = a_{0l}^i + a_{1l}^i x_{l,i+j}$$

$$j=0,1,\cdots,k-1;\quad i=1,2,\cdots,N-k+1;\quad l=1,2,\cdots,m$$

参数 a_{0l}^i 可解释为参照模式与相似模式 $P_k(i)$间的状态差异，而参数 a_{1l}^i 则视为一些不确定的因素。使用参照模式的对应数据 x_{ij} $(i=N-K+1, N-K+2, \cdots, N;\ j=1,2,\cdots,m)$ 作为基准值，对每个待选模式 $P_k(i)$，由最小二乘法估计出未知的权重 a_{0l}^i，a_{1l}^i，并给出用于计算模式相似性度量的误差平方和。

3. 相似模式的选取

一是计算模式相似度。这一步的主要目的是识别模式形状间的相似性，将其度量称为模式相似度。为了度量一个已按步骤 2 变换了的待选模式 P_k（i）关于参照模式 P^R 的相似性，就需要测量两个模式中具有 m 个系统变量的 k 个观察值之间的距离。

一般地，第 i 个待选模式与参照模式间的距离可定义为

$$d_i=\frac{1}{k+1}\sum_{j=0}^{k-1}\sqrt{\sum_{r=1}^{m}(x_{r,i+j}-x_{r,N-k+j+1})^2} \tag{3.46}$$

模式相似度可由距离来度量，第 i 个模式关于参照模式的相似度 s_i 定义为

$$s_i=1/d_i \tag{3.47}$$

显然距离值越大，模式相似度就越小。

二是用于预测的相似模式选取。模式相似度计算出来以后，就可以根据相似度大小来选取相似模式，但究竟选出哪几个相似模式 $P_k(i)$，$i \in J$，则依赖于应用的种类。当应用于预测时，需要解决四个方面的问题：变量集、模式的长度、选择相似模式的个数、模式组合时权系数的取值。

3.6.3　GMDH 自回归模型

GMDH 自回归模型是自组织数据挖掘（self-organization data mining）中的一种模型方法，自组织建模思想首先由乌克兰控制论学家 A.G.Ivakhnenko 在 1967 年提出，后来在 Adolf Muller、Frank Lemke 等一些科学家的努力下，自组织方法有了较大的发展[36]。如今在数据挖掘、知识发现、预测、系统建模和模式识别等领域，自组织方法已经成为人们在信息爆炸时代、信息不完全下进行系统分析和决策的有效工具。中国正处在经济转轨时期，经济系统比其他国家更显复杂，经济指标数据常显示样本量小且受干扰的特点。自组织数据挖掘方法在小样本、受到噪声干扰的经济系统建模预警时比计量经济学方法和人工神经网络方法更优越[37]，它是中国社会主义市场经济分析预警的一个值得关注的方法。

GMDH 自回归模型的基本步骤如下[38]。

（1）数据划分。

将样本划分为训练集 A 和检测集 B，将需要预测的作为预测集 C（A 集合数据点个数记为 N_1，B 集合数据点个数记为 N_2，C 集合数据点个数记为 N_3），$W = A \cup B$。

（2）计算模型的最大可能时滞

$$m = \sqrt{N_1 + N_2}$$

（3）模型参考函数

$$Y_t = a_0 + a_1 Y_{t-1} + a_2 Y_{t-2} + \cdots + a_m Y_{t-m} \tag{3.48}$$

（4）此步骤又分为下面几个步骤。

①将参考函数中每个加法单元中的非系数部分看成一个新的自变量，显然新的自变量的个数为 m，将这 m 个新的自变量作为第一层的输入，它们两两组合，产生的局部函数的个数为 $M = C_m^2$。

②分别在集合 A 和 W 上通过最小二乘法拟合这些局部函数的系数，得到具体的中间模型。

③利用这些中间模型，计算其对应的集合 A、集合 W 和集合 C 上的估计值

分别为 $Y1_t$、$Y2_t$、$Y3_t$（其中 $Y3_t$ 利用由集合 W 上得到的中间模型的系数计算得到）。

④计算每个中间模型的绝对抗干扰准则值

$$\Delta^2(A)=\sum_{t\in A}(Y_t^m(A)-Y_t^m(W))^2 \tag{3.49}$$

⑤找出这层的最小外准则值。

判断：IF 不是第一层，最小外准则值不再减小

THEN 停止循环，到步骤⑦

⑥淘汰外准则值较大的 $M-m$ 个中间模型，剩下 m 个中间模型的估计值 $Y2_t$、$Y3_t$ 进入下一层；两两组合，产生新的 M 个局部函数，继而到步骤②～⑤。

⑦最小外准则值对应的中间模型为最优复杂度模型，估计值 $Y3_t$ 为需预测的样本值。

3.7　经济仿真集成模式

通过经济仿真系统来模拟经济政策的变动对经济发展趋势的影响，从而可以了解这些经济政策对未来经济发展的作用，以避免经济过热或者过冷，应对经济波动对经济发展的影响。经济仿真集成模式如图 3.21 所示。

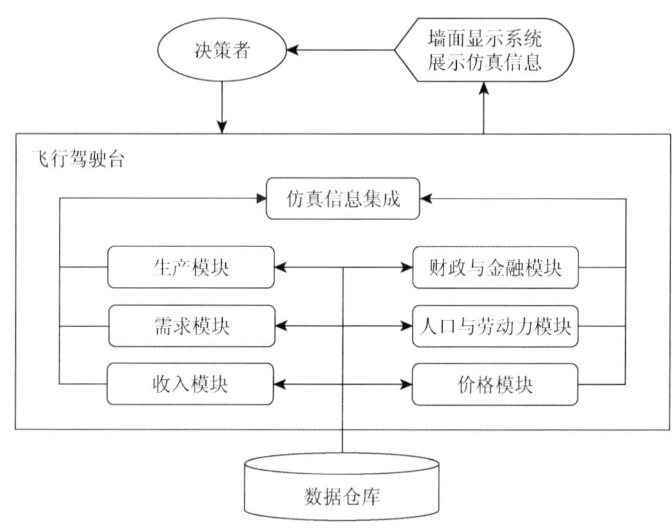

图 3.21　经济仿真集成模式

管理驾驶舱的飞行驾驶台具有经济仿真的功能，经济仿真集成模式由生产模块、需求模块、收入模块、财政与金融模块、人口与劳动力模块、价格模块

这六个模块组成，决策者通过调用数据仓库集成的各种数据和各种仿真模型，可以对主要经济指标之间的变化情况做出模拟，了解主要经济指标之间相互依赖的关系，结合经济预测集成模式，可以对未来经济状况实现模拟运行。通过墙面显示系统展示仿真信息，供决策者不断模拟调整经济政策，发现未来经济的运行规律。

3.7.1　仿真基本理论概述

现代仿真技术已经成为社会系统、经济系统、生态系统等领域不可缺少的分析、研究、设计、评价、决策和训练的重要手段[39]。其应用范围在不断扩大，应用效益也日益显著。

1. 基本概念

仿真（simulation）就是利用模型复现实际系统中发生的本质过程，并通过对系统模型的实验来研究存在的或设计中的系统，又称模拟[40]。系统仿真是建立在控制理论、相似理论、信息处理技术和计算机初等理论基础之上的，以计算机等设备为工具，利用系统模型对真实或假设的系统进行实验，并借助于专家的经验知识、统计数据和信息资料对实验结果进行分析研究，进而做出决策的一门综合的实验性学科[41]。

2. 基本要素

系统：系统是客观存在的相互联系的诸要素的集合体，是仿真的研究对象。

模型：仿真模型是被仿真对象的相似物或其结构形式。对系统进行抽象，首先要建立对象的数学模型，然后将它转换成适合计算机处理的形式，即仿真模型。

实验：通过实验可观察系统模型各变量变化的全过程。为了寻求系统的最优结构和参数，常常要在仿真模型上进行多次实验。

仿真的三个要素之间的关系如图 3.22 所示。

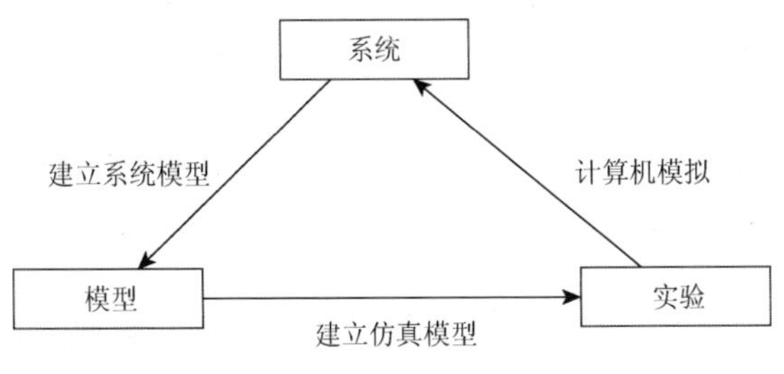

图 3.22　仿真三要素关系图

3. 实现步骤

仿真过程要进行如下九步：问题的定义、系统分析与描述、建立系统数学模型、收集数据和信息、建立计算机仿真模型、模型验证和模型确认、仿真实验、反馈修正、仿真报告。

1）问题的定义

在问题定义阶段，对于假设要小心谨慎，不要做出错误的假设。作为仿真纲领，定义问题的陈述越通用越好，详细考虑引起问题的可能原因。

2）系统分析与描述

从边界、结构、功能、目的、状态和约束等方面对系统进行分析，将现实系统做模型描述，将此转换过程中所作的所有假设做出详细的说明。

3）建立系统数学模型

抽象模型有助于定义系统的重要部分，并可以引导为后续模型的详细化而进行的数据收集活动。一般建模过程是呈阶段性的，在进行下一阶段建模之前，验证本阶段的模型是否工作正常。

4）收集数据和信息

数据可以通过历史记录、经验和计算得到。这些粗糙的数据将为模型输入参数提供基础，同时将有助于一些需要较精确输入参数数据的收集。

除了对系统的每个参数的数据进行调查、测量的收集方式外，采用估计方法来产生输入数据更为高效，也能够很好地满足仿真研究的目的。当需要可靠数据时，花费较多时间收集和统计大量数据，以定义出能够准确反映现实的概率分布函数就是非常必要的。

5）建立计算机仿真模型

在建模过程中运行和调试每一阶段的模型。在编写程序之前首先要明确以下几点：

（1）确定仿真模型的模块结构；

（2）确定各个模块的输入/输出接口；

（3）确定模型和数据存储的方式；

（4）选择编制模型的程序设计语言。

6）模型验证和模型确认

模型验证是通过输入多组仿真输入参数值调试程序，将模型运行在一些简单化的假设下，来验证系统模型是否由仿真模型准确地表示。有时非常有帮助，这些假设是为了更加简便地计算或预测系统性能。

模型确认建立模型的可信度。通过确认，试着判断模型的有效程度。假如一个模型在得到我们提供的相关正确数据之后，其输出满足我们的目标，那么它就是好的。模型只要在必要范围内有效就可以了。在模型结果的正确性与获得这些结果所需要的费用之间总存在着权衡。

7）仿真实验

通过实验可观察系统模型各变量变化的全过程。为了寻求系统的最优结构和参数，常常要在仿真模型上进行多次实验。

8）反馈修正

将假设的参数输入近似模型以模拟现实系统时，得到的结果往往存在偏差。根据这些偏差发生的不同原因修改模型，使它更接近于真实系统。

9）仿真报告

报表、图形和表格常常被用于进行输出结果分析。同时需要用统计技术来分析不同方案的模拟结果。一旦通过分析结果并得出结论，要能够根据模拟的目标来解释这些结果，并提出实施或优化方案。

仿真过程的顺序并非是一成不变的，有些项目在获得系统的内在细节之后，可能要返回到先前的步骤中去。同时，验证和确认需要贯穿于仿真工作的每一个步骤当中。

3.7.2　多方程模型

现实的社会经济现象错综复杂，描述这种复杂关系靠一个方程通常不够，需要用一组方程加以说明，即需要建立多方程模型（simultaneous equation），该模型用于考查多变量间的相互关系。由此，选择多方程模型作为建设该仿真子系统的模型算法。

1. 多方程模型概述

多方程模型至少由两个方程构成。例如，一个简单的供给-需求模型有三个方程：

供给方程　$$Q_tS=\alpha_0+\alpha_1P_t+\alpha_2P_{t-1}+\varepsilon_t \quad (3.50)$$

需求方程　$$Q_tD=\beta_0+\beta_1P_t+\beta_2y_t+V_t \quad (3.51)$$

平衡方程　$$Q_tD=Q_tS \quad (3.52)$$

其中，Q_tS 和 Q_tD 分别表示供给量与需求量，P_t 代表价格，y_t 代表收入。这个多方程模型中，式（3.52）并不需要估计，但它与式（3.50）和式（3.51）一起确定了市场均衡状态下的价格和供给（需求）量。

在多方程模型中，由模型确定的变量称为内生（endogenous）变量，如供给-需求模型中的 Q_tS、Q_tD 和 P_t。内生变量具有一定的概率分布，其参数是模型的待估元素，它不仅影响整个系统，也受系统影响。不是直接由模型确定的变量称为先决（predetermined）变量，包括滞后内生变量和外生变量，如供给-需求模型的

P_{t-1}和y_t。P_{t-1}是内生变量P_t的一期滞后值，称为滞后内生变量，其取值由模型本身决定；变量y_t完全由模型外部确定，称为外生（exogenous）变量[42]。外生变量对系统有影响，但不受系统影响。

一般的多方程模型可记为

$$\boldsymbol{BY}=\boldsymbol{AX}+\boldsymbol{\varepsilon} \tag{3.53}$$

其中，$\boldsymbol{Y}$是$P\times N$维（P代表模型中内生变量总数，N代表观测量）内生变量矩阵，$\boldsymbol{X}$是$Q\times N$维（Q代表模型中先决变量总数）先决变量矩阵，$\boldsymbol{\varepsilon}$是$P\times N$维随机扰动项矩阵。另外，$\boldsymbol{B}$和$\boldsymbol{A}$分别是$P\times P$维和$P\times Q$维系数矩阵。模型假定：

$$E(\boldsymbol{\varepsilon}_i)=0,\quad i=1,2,\cdots,N$$

$$E(\boldsymbol{\varepsilon}_i\boldsymbol{\varepsilon}_i')=\boldsymbol{\Sigma}$$

$$E(\boldsymbol{\varepsilon}_i\boldsymbol{\varepsilon}_j')=0,\quad i,j=1,2,\cdots,N$$

其中，$\boldsymbol{\Sigma}$是$P\times P$维相同观测值不同方程随机扰动项间的协方差矩阵。

2. 多方程模型识别

式（3.53）表示的多方程模型，称为结构式模型。假定$\boldsymbol{B}$是非奇异矩阵，则该式可写为

$$\boldsymbol{Y}=\boldsymbol{\Gamma X}+\boldsymbol{U} \tag{3.54}$$

其中，$\boldsymbol{\Gamma}=\boldsymbol{B}^{-1}\boldsymbol{A}$，$\boldsymbol{U}=\boldsymbol{B}^{-1}\boldsymbol{\varepsilon}$。式（3.54）称为多方程模型的简化式模型。

由于简化式模型每个方程右边没有内生变量，所以普通最小二乘法估计可得到一致估计量。用简化式模型参数$\boldsymbol{\Gamma}$估计结构模型参数$\boldsymbol{B}$和$\boldsymbol{A}$称为多方程模型的识别。如果结构式参数可由简化式参数唯一确定，则多方程模型为恰好识别；如果无法从简化式模型估计出所有结构式参数，则多方程模型不可识别；如果由简化式模型估计得到的结构式参数存在多种可能取值，则多方程模型是过度识别的。需要注意，给定一个结构式模型，可能存在有些方程可识别（包括恰好识别与过度识别）、另外的方程不可识别的情况，也会存在某一个方程中，有的参数可识别、另外的参数不可识别的情况。

对多方程模型中任意一个方程，它的可识别的必要条件是

$$q^{*}\geqslant p-1 \tag{3.55}$$

其中，q^{*}代表该方程不包括的先决变量个数，p代表该方程包括的内生变量个数，取等号表示恰好可识别。

考虑前面供给-需求模型的例子。对式（3.52），$q^*=1$、$p=2$，因此供给方程恰好满足可识别的必要条件。

3. 多方程模型估计

从供给-需求模型的例子可以看出，由于内生变量出现在方程的右边，因此造成变量与随机扰动相关。

多方程模型的估计方法大致可分为单方程估计法和系统估计法，且两种方法一般都要求模型是可识别的。单方程估计法逐一估计多方程模型中的每一个方程，主要包括工具变量法（instrumental variables，IV）和两阶段最小二乘法（two-stage least squares，TSLS）。系统估计法同时确定多个方程参数，主要包括似无关回归法（seemingly unrelated regression，SUR）和三阶段最小二乘法（three-stage least squares，3SLS）。

下面介绍在最终系统模型求解中选用的估计方法：两阶段最小二乘法。

两阶段最小二乘法可逐一确定多方程模型的参数，获得一致且渐进有效的估计量。

为说明 TSLS 的基本思想，首先需要介绍广义最小二乘估计（generalized least square，GLS）。一般多元回归模型为

$$\boldsymbol{Y}=\boldsymbol{X\beta}+\varepsilon \tag{3.56}$$

对残差假定

$$E(\boldsymbol{\varepsilon\varepsilon}')=\boldsymbol{\sigma}^2\boldsymbol{I} \tag{3.57}$$

当模型存在异方差或序列相关时

$$E(\boldsymbol{\varepsilon\varepsilon}')=\boldsymbol{\sigma}^2\boldsymbol{\Omega} \tag{3.58}$$

其中，假定 $\boldsymbol{\Omega}$ 为正定矩阵。若 $\hat{\boldsymbol{\Omega}}$ 是 $\boldsymbol{\Omega}$ 的一致估计，则可得到参数矩阵的广义最小二乘估计

$$\hat{\boldsymbol{\beta}}=(\boldsymbol{X}'\hat{\boldsymbol{\Omega}}^{-1}\boldsymbol{X})^{-1}\boldsymbol{X}'\hat{\boldsymbol{\Omega}}^{-1}\boldsymbol{Y} \tag{3.59}$$

根据广义最小二乘估计的理论，利用 Eviews 软件，应用两阶段最小二乘法，估计出模型方程中各主因子的参数。

3.7.3　仿真系统分析设计

仿真系统也是为经济预警服务的系统，通过仿真系统的仿真模型，对关键经济指标变化对其他经济指标的影响做出定量分析，可以为解除警情提供政策建议。

1. 系统功能分析

仿真子系统功能分为两部分。一部分是后台管理功能，管理员经身份验证登

录后，在后台可以进行以下操作：①仿真操作。管理员根据需要选择变化指标和影响指标，决定变化指标的变化率和仿真年数，然后进行仿真计算，预览结果。如果结果不满意，则可以修改数据或者清空数据表，重新选择变化率和仿真年数进行仿真。仿真计算的结果存放在数据库的一张数据表中，供画图调用数据，同时可供前台调用。同时，管理员可根据需要对仿真结果进行说明解释，文字说明的结果存放在数据库的另一张表中，可供前台调用显示。②内生变量管理区域，主要是显示哪些变量属于内生变量并且查询其历年数据。③外生变量管理区域，主要是显示哪些变量属于外生变量并且查询其历年数据。

另一部分是前台展示功能。用户登录后，进入主页面，可以根据需要查看某些变量对经济运行指标的具体影响情况，该结果以表格数据、文本说明和图形展示。

后台决定变化指标、影响指标、变化指标的变化率以及仿真年数；前台只有查看功能，前台展示的表格数据、文字说明以及图形说明均来源于通过后台操作保存到数据库中的数据表。

仿真子系统的功能如图 3.23 所示。

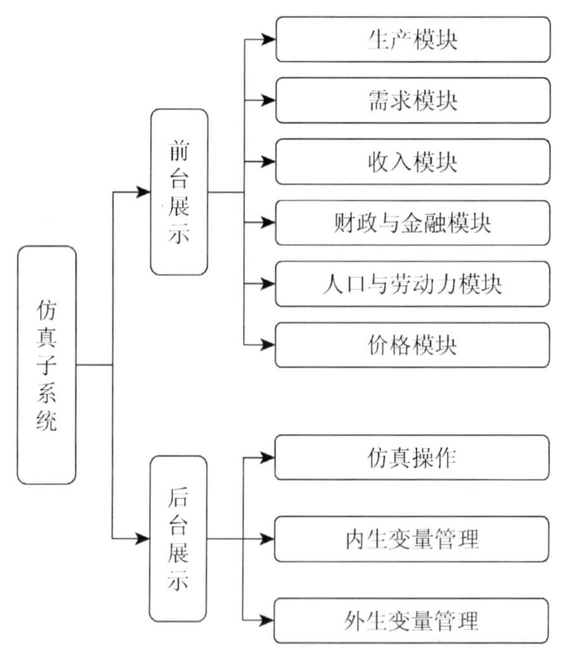

图 3.23 仿真子系统的功能图

2. 业务流程设计

仿真子系统业务处理流程如图 3.24 所示。

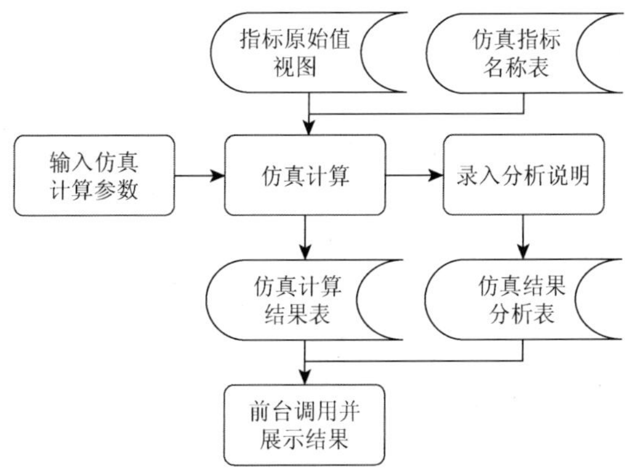

图 3.24　仿真子系统业务流程图

3. 数据流程设计

仿真子系统的数据流程图如图 3.25 所示。

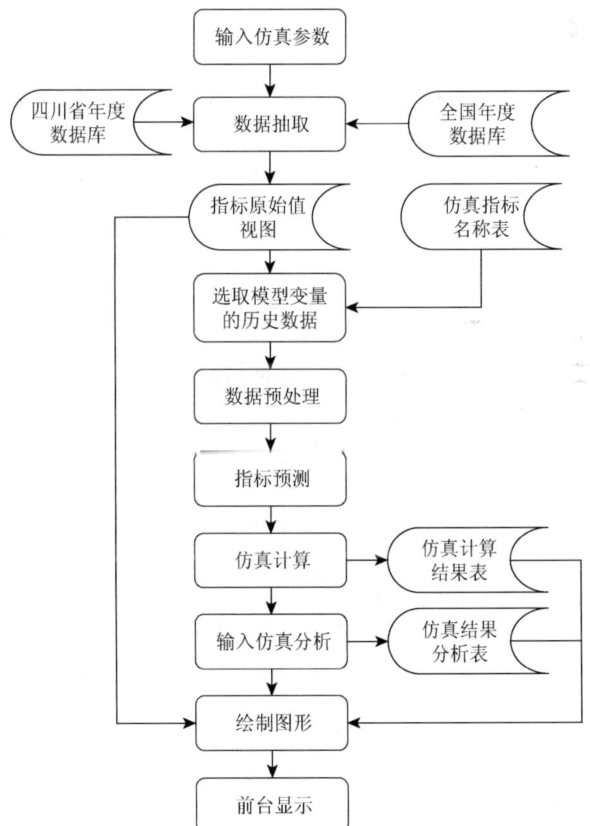

图 3.25　仿真子系统数据流程图

4. 处理流程设计

仿真计算的详细流程如图 3.26 所示。

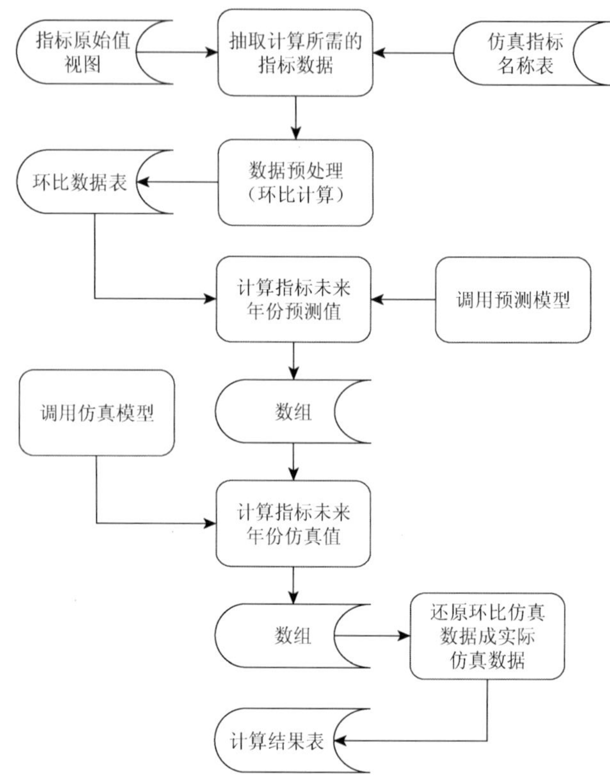

图 3.26　仿真计算的详细流程图

参 考 文 献

[1] 于景元，周晓纪. 从综合集成思想到综合集成实践——方法、理论、技术、工程. 管理学报，2005，2（1）：4-10.

[2] 于景元. 钱学森的现代科学技术体系与综合集成方法论. 中国工程科学，2001，3（11）：10-18.

[3] 于景元，周晓纪. 综合集成方法与总体设计部. 复杂系统与复杂性科学，2004，1（1）：20-26.

[4] 蒋鄭平，谢道奎. 仿真与国民经济. 系统仿真学报，2001，13（1）：14-17.

[5] 古扎拉蒂. 计量经济学. 北京：中国人民大学出版社，2000.

[6] 袁连海. SQL Server 2000 应用开发实例教程. 北京：机械工业出版社，2002.

[7] 张丹，何跃. 电子商务网站建设技术基础——ASP.NET 程序设计. 成都：西南财经大学出版社，2008.

[8] 张跃廷，王小科，许文武. ASP.NET 数据库系统开发案例精选. 北京：人民邮电出版社，2007.

[9] 李继武. Visual C#.NET 项目开发实战从入门到精通. 北京：清华大学出版社，2007.

[10] 何跃. 管理信息化决策与应用讲义. 四川大学工商管理学院，2008.
[11] Han J W，Kamber M. 数据挖掘概念与技术. 范明，孟小峰，译. 北京：机械工业出版社，2007.
[12] 于戈，鲍玉斌，嵇晓. 数据仓库工程方法论. 沈阳：东北大学出版社，2003.
[13] 林杰斌，刘明德，陈湘. 数据挖掘与 OLAP 理论与实务. 北京：清华大学出版社，2003.
[14] 刘瑛，白振兴，褚文奎. 基于数据挖掘的 OLAP 分析技术及应用. 现代电子技术，2006，29（1）：72-74.
[15] 刘大昕，张春林，聂亚杰，等. 数据仓库与 OLAP 技术. 计算机仿真，2003，5：40-43.
[16] 厉无畏，王振. 中国产业发展前沿问题. 上海：上海人民出版社，2003.
[17] 杨建文，周冯琦，胡晓鹏. 产业经济学. 上海：学林出版社，2004.
[18] 刘璐，马利军，吴飞. 工业行业综合竞争力评价. 科技进步与对策，2004，21（5）：36-38.
[19] 张文忠，杨荫凯. 挑战 WTO——中国产业竞争力再造. 北京：科学出版社，2001.
[20] 陶希晦. 四川工业竞争力分析. 北京：中国经济出版社，2000.
[21] 周世勇，何跃，等. 省级区域工业经济运行分析体系及方法模型研究. 四川省经委、四川大学工商管理学院，2007.
[22] 唐玲. 我国地区景气预警系统工作现状述评. 预测，1993，（3）：68-71.
[23] 石良平. 景气循环预警方法的理论思考. 财经研究，1992，（5）：10-17.
[24] 王世林，罗莉. 我国宏观经济的景气分析初探. 系统工程理论与实践，1996，（8）：80-84.
[25] U.S.A. Bureau of Economic Analysis，Department of Commerce. Handbook of Cyclical Indicators—a Supplement to the Business Conditions Digest. 1984：65-70.
[26] 舒义田，黄吉. 湖南经济循环与预警研究. 长沙：湖南出版社，1996.
[27] 王昆，宋海州.三种客观权重赋权法的比较分析. 技术经济与管理研究，2003，（6）：48-49.
[28] 樊治平，马建. 决策支持中心的研究和开发战略. 管理科学学报，1996，6（4）：58-62.
[29] Saaty T L. 层次分析法. 许树柏，译. 北京：煤炭工业出版社，1988.
[30] 刘清. Rough Set 及 Rough 推理. 北京：科学出版社，2001.
[31] 徐泽水. 不确定多属性决策方法及应用. 北京：科学出版社，2004.
[32] 郭崇慧，唐焕文. 宏观经济预测模型体系研究. 运筹与管理，2001，10（4）：1-8.
[33] Box G EP，Jenkins G M，Reinsel G C. 时间序列分析：预测与控制. 北京：人民邮电出版社，2005.
[34] 廖斌，何跃. 基于 AC 聚类方法和 GMDH 的品牌竞争力分析. 科技情报开发与经济，2005，15（15）：135-136.
[35] 李成刚，田益祥，何继锐. AC 算法的 EMD 分解 GMDH 组合的预测模型及应用. 系统管理学报，2012，21（01）：105-110.
[36] 李增光，王晶，陆宁云，等. GMDH 参数模型的改进及在煤炭价格研究中的应用. 系统工程，2012，（6）：105-110.
[37] 谢纽，何跃，徐玖平. 组合预测模型在工业经济预测中的应用. 金融经济，2007，（14）：63-64.
[38] 贺昌政. 自组织数据挖掘与经济预测. 北京：科学出版社，2005.
[39] 吕雁. 计算机仿真与建模技术综述. 电子科技，2001，（6）：2-4.
[40] 王红卫. 建模与仿真. 北京：科学出版社，2002.
[41] 肖田园. 系统仿真导论. 北京：清华大学出版社，2000.
[42] 沈浩，孙江华. 结构方程式模型在市场研究中的应用. 北京广播学院学报，1999，（1）：25-29.

第 4 章　经济预警模型

把经济预警和管理驾驶舱的理论方法应用到四川省的经济管理工作，建立了四川省宏观经济信息管理驾驶舱，取得了良好的效果。

4.1　预警指标体系的建立

在前面理论研究的基础上，借鉴国内外的指标体系建立的经验，下面进行四川省的经济预警指标的建立。

4.1.1　建立候选指标集

因为我们研究的对象是整个四川省的宏观经济系统，所以初选指标应尽可能从国民经济的各个方面各个领域进行选择，只有这样才能有效保证景气分析指标的代表性与完整性。我们以国家建立的指标体系为基础，参考其他省市的经济预警指标体系，结合四川省实际的经济状况，在经济活动的七大过程相对重要的指标中选择，拟建立表 4.1 所示的四川省经济预警初选指标集[1-12]。

表 4.1　四川省经济预警初选指标集

指标分类	指标名称
生产收入	工业总产值
	钢材产量
	工业销售收入
	销售收入
	重工业总产值
	工业增加值
	原煤产量
	水泥产量
	工业产品产销率
	城市市区居民人均可支配收入
贸易物价	社会商品零售总额
	社会集团消费品零售额
	进出口总额

续表

指标分类	指标名称
贸易物价	零售物价指数
	居民消费价格总指数
	城市市区居民人均消费性支出
	采购经理指数
库存	国内商业库存
	库存量
	钢材库存量
投资储蓄	储蓄存款余额
	基建投资总额
	基建投资完成额
	固定资产投资额
	新开工项目数
财政	财政支出
	银行现金工资性支出
	银行现金收入总额
	银行现金支出
	企业存款
货币信贷	工业贷款
	商业贷款
	货币流通量
	货币供给量
	银行贷款余额
交通能源	发电量
	货运量
	铁路货运量

4.1.2 收集数据与预处理

根据候选指标集中的指标，利用四川省统计月报、四川省统计局数据，搜集需要的数据，数据区间为：2010 年 8 月～2013 年 12 月。

一般来讲，同一个经济指标必须有当月绝对值、当月同比增长率和累计值，月度数据的序列长度最好在 7 年以上。由于相当部分指标存在数据缺失等不完整问题，所以在正式进行经济景气分析之前，应当根据数据缺损的情况采用合理的补数方法对数据进行插补，对于有问题的数据向四川省统计局进行了咨询和确认。

由于四川省统计数据不是十分全面、完整，很多候选指标还没有详细的月度数据，还有部分有月度数据的指标数据缺失严重，这部分指标就没有办法采用。而经济预警最好采用月度数据，所以进行候选指标的选取过程中应当考虑到指标的实际状况，在候选指标集中去掉这部分指标或者运用其他指标替代，最后确定19 个指标用于下一步的指标选择和区分。

将数据进行同比化处理，然后进行 X-11 季节处理。由于各指标序列包含了季节变动和不规则变动因素，因此要采用季节调整的方法予以剔除，以真正反映序列本身的变化规律。在实际研究过程中，我们采用 X-11 季节调整方法进行时间序列数据的季节调整，分离出了趋势循环因素 TC、趋势因素 T、循环因素 C、季节因素 S 和不规则因素 I。同时，在季节调整中考虑我国的春节、“五一”和“十一”长假因素进行了节假日调整。

4.1.3 建立预警指标集

本部分利用经济预警指标体系选择的步骤，进行四川省宏观经济预警基准指标的选取。

1. 基准指标的选择

本部分首先分析国内其他省市基准指标的选取状况，然后结合四川省实际情况分析如何选择基准指标。从四个方面出发，确定规模以上工业销售产值为基准指标。

1）国家和其他省市的基准指标的选取

一般来讲，这个参照系的选择应是宏观经济状态。通常来讲都是用 GDP 的变动来刻画宏观经济状态的，所以很自然地 GDP 就应该是景气监测的基准指标。但是，我国 GDP 统计数据是季度数据，而且季度 GDP 的核算是从 1994 年开始的，时间序列较短，而要建立的景气指标体系要求的是较长的月度数据。因为工业总产值和工业增加值有月度数据并且时间序列较长，一般来讲工业总产值和工业增加值周期通常是与 GDP 同步的或者略微领先于 GDP。同时，工业在 GDP 中占有相当大的比重，所以，国家和国内其他省市在基准指标方面都以工业总产值、工业增加值和工业销售产值为基准指标。

2）基准指标候选集的确定

通过研究发现，国内其他省市大都是工业对 GDP 贡献最大，而四川省的情况跟其他省市大体相同。通过前面的研究可知：人均 GDP、制造业占 GDP 比重、非农产业就业比重这三个指标都显示，经过 1978～2013 年三十多年的发展，四川工业化已经处于中期阶段。

3）与 GDP 变动趋势对比

利用规模以上工业销售增加值和规模以上工业销售产值与 GDP 季度同比数据进行分析处理，得到如图 4.1 所示趋势图，不难看出规模以上工业销售增加值与 GDP 变动趋势拟合得最好。

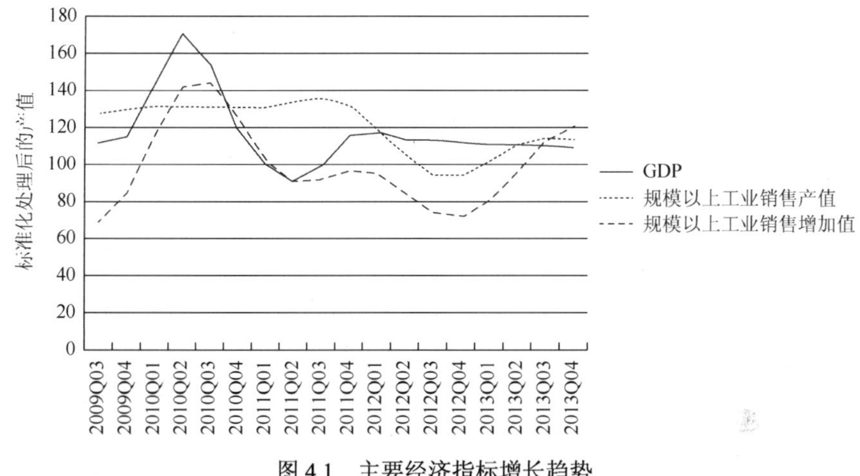

图 4.1　主要经济指标增长趋势

4）运用数理方法进行分析

这里以 GDP 为基准指标，对规模以上工业增加值和规模以上工业销售增加值与 GDP 季度数据进行时差相关和 K-L 信息量分析，可以得到如下结果。通过对比可以知道，无论从延迟数，还是从 K-L 信息量和时差相关系数大小来看，规模以上工业销售增加值作基准指标最合适，因为这两个指标的延迟期都几乎相同，且都为一致指标，但规模以上工业销售增加值的 K-L 信息量最小，时差相关系数最大（表 4.2 和表 4.3）。

表 4.2　各候选指标与 GDP 的时差相关分析

基准指标：	GDP							
指标名称/延迟数	0	1	2	3	4	5	6	7
1. 工业增加值	0.68	0.71	0.39	0.07	–0.03	0.12	0.31	0.14
2. 工业销售增加值	0.20	0.16	0.21	0.38	0.62	0.78	0.66	0.25
3. 零售总额	–0.04	–0.61	–0.80	–0.42	0.23	0.65	0.78	0.53
4. 进出口总额	0.45	–0.05	–0.43	–0.34	0.21	0.74	0.80	0.53
5. 地方财政收入	–0.26	0.04	0.33	0.56	0.69	0.71	0.56	0.21
6. 金融机构贷款余额	–0.04	0.07	0.33	0.72	0.88	0.62	0.07	–0.30
7. 企业存款	–0.44	–0.47	–0.10	0.47	0.86	0.86	0.49	0.07

表 4.3　四川省经济预警指标体系

先行指标				一致指标				滞后指标			
指标	时滞	K-L 信息量	时差相关系数	指标	时滞	K-L 信息量	时差相关系数	指标	时滞	K-L 信息量	时差相关系数
工业品出厂价格指数	−12	7.18	0.84	规模以上工业销售增加值	0	0	1	社会消费品零售总额	6	2.02	0.83
钢产量	−6	6.66	0.68	企业存款	−1	150.81	0.8	进出口总额	6	104.02	0.82
采购经理指数	−6	4.06	0.52	地方财政收入	−1	12.68	0.43	规模以上工业产销率	12	2.76	0.34
金融机构贷款余额	−12	2.16	0.84								
居民消费价格指数	−12	1.22	0.89								
规模以上工业销售产值	−6	51.25	0.82								

总之，从上述四点分析，可以确定四川省经济预警的基准指标为规模以上工业销售增加值。

2. 基准日期的确定

一般说来，基准日期是根据经济周期波动年表、历史扩散指数（historical diffusion index，HDI）以及专家的意见综合确定的。由于我国没有经济周期波动年表，因而主要靠历史扩散指数和专家意见确定。

制定历史扩散指数的方法一般是选择经济上比较重要，而且被认为其变动与经济周期波动大体上一致的经济时间序列 4～7 个，对选出的每个序列进行预处理后确定其峰谷日期（即转折点日期）。规定：由谷到峰为上升，标上符号“+”，峰本身也标以“+”；由峰到谷为下降，标上符号“–”，谷本身也标以“–”，这样即可确定每个经济指标每月的变化方向。上升指标的总数占总指标的百分数即为历史扩散指数。将历史扩散指数由下向上穿越 50%线之前的月份作为经济周期波动谷的基准日期，而由上向下穿越 50%之前的月作为经济周期波动的日期。

以规模以上工业销售产值为基准指标，利用时差相关分析法，选取了社会消费品零售总额的周期波动大体一致的 4 个指标的 TC 增长率序列（包括社会消费品零售总额、居民消费价格指数、企业存款和地方财政支出），构成确定基准循环的指标组，采用制定历史景气扩散指数的方法，计算出经济循环波动的基准日期。对谷峰之间小于 5 个月的基准日期进行适当调整，这一调整后的基准日期即为基准循环日期。

******基准日期******

谷		峰	
年	月	年	月
		2011	6

3. 指标集的确定

前面我们介绍了很多指标选择的数理方法，国内其他省市的处理过程中，一般选择景气趋势时差关联分析法和景气趋势信息关联分析法，并且这两种方法简单、实用，通过结果排序，很容易区分指标。

1）景气趋势时差关联分析法

景气趋势时差关联分析法是在首先确定一个能综合反映经济景气变动指标，即基准指标的基础上，利用景气趋势时差关联分析方法，依据基准指标序列与各被选择指标序列的相关和先行、滞后期进行指标的划分。该方法的特点是：①有数量标志，量感强；②在确定先行、一致、滞后指标的同时，就可得到各指标的相关系数和先行、滞后月数；③该方法简单易行，容易掌握，并且景气趋势时差关联分析法是目前我国学者进行景气指标分类时用得较多的一种方法。

景气趋势时差关联分析法是在不同的时差条件下，通过计算备选指标与基准循环指标的相关系数，进而确定二者之间最终时差的分析方法。相关系数最大的时差为最终时差。一般认为，相关系数大于 0.5 时，效果较好。

2）景气趋势信息关联分析法

景气趋势信息关联分析的方法用以判定两个概率分布的接近程度，在实际操作过程中应用比较广泛。

该方法是将基准循环指标的分布当作经济总体本身固有的理论分布，备选指标的分布作为样本分布，不断变化备选指标与基准指标序列的时差，计算样本分布与理论分布的拟合程度，观察其中的 K-L 信息量，K-L 信息量最小时对应的时差数即为二者的最终时差。一般认为，K-L 信息量不超过 50，说明备选指标的拟合程度较好。

这里，我们也采用比较简单、实用的景气趋势时差关联分析法和景气趋势信息关联分析法，以规模以上工业销售增加值为基准指标，进行计算，最后得到计算结果。

K-L 信息量小于 50 并且相关系数大于 0.5 的指标纳入经济预警指标体系，但对于 K-L 信息量很小、或者相关系数很大的，可以适当放宽要求。根据时滞和 K-L 信息量越小并且相关系数越大的原则，确定四川省经济预警先行、一致和滞后指标（表 4.3）。

4.1.4　分析景气指标体系

从整个指标体系来看，我们确定的指标覆盖了工业生产类指标、经济效益指标、财政金融指标、固定资产投资类指标、城乡居民收入及消费指标、市场物价指标、能源与基础建设材料指标等经济活动的主要领域，所以，指标体系可以反映四川省经济状况，适合经济预警。

1. 一致指标

一致指标是指那些与基准指标、基准循环时差基本一致的指标，是经济景气指标体系最核心的部分。从一致指标来看，规模以上工业销售增加值和地方财政收入是我们确定的一致指标，反映出四川省是第二产业比较发达的城市，消费和工业基本上确定了四川省的经济状况。

经济景气与否与地方财政收入有很大关联，它们随市场兴衰同步地变动，其状况大小反映当前国民经济运行的冷热程度。

2. 先行指标

先行指标是指在经济运行中其波动超前于一致指标的那些指标。居民消费价格指数、金融机构贷款余额、钢产量、采购经理指数和规模以上工业产值是我们选择的先行指标。

金融机构贷款余额体现银行资金向生产流通部门投入和社会闲散资金向银行流入的水平。金融信贷的宽松与紧张，是经济扩张与收缩的前提，它当前的变化是诱发经济循环波动的主要因素，为分析未来提供了最早的信号。

居民消费价格指数反映了百姓的生活水平，百姓生活消费的高低，在一定程度上，是经济扩张与收缩的前提，它当前的变化是预报经济循环波动的主要因素，为分析未来提供了最早的信号。

钢属于重要的生产资料，钢产量指标对投资需求比较敏感，它的扩张与收缩将诱发经济循环的扩张与收缩。

在先行指标中，信贷与投资这两类指标最为重要，这是因为货币政策、投资政策对经济循环波动的影响最为直接。

另外，规模以上工业产值对企业生产预期有很大影响，很大程度上决定下期生产和投入。

3. 滞后指标

滞后指标是指经济运行中其波动滞后于一致指标的那类指标，它们的景气状态对整个经济景气动向起着后验作用。社会消费品零售总额和规模以上工业总产值是四川省经济预警滞后指标，这很好地反映了经济的基本规律。经济是否景气决定了社会消费品零售总额和规模以上工业总产值，但一般要滞后一段时间，只有景气扩张或收缩一段时期后，社会消费品零售总额和规模以上工业总产值才会有明显增长或下降。

4.2　景气指数的编制

计算景气指数在国际上比较通用的就是扩散和合成指数。因此，我们将利用这两种方法，编制四川省宏观经济预警指数。

4.2.1　先行指数研究

先行指数是一个由多个指标综合而成的指数，其中每一项构成指标的数值变化都会对它产生影响，从而使得先行指数呈现易变、多变的特点，也就是说，先行指数几乎每月都在变化。按一般的规律，应注意观察它的趋势性变化，即如果指数曲线连续几个月出现上升或下降，就意味着经济循环将出现新变化。

从中国各省市的经验来看，一般选择 5～7 项先行指标。例如，北京市经过研究，确定了投资指数、开复工面积、工业出口交货值、商品购进指数、资金需求指数、工业产销率、价格指数差 7 项先行指标；上海市确定了中资金融机构人民币有价证券及投资、地方财政支出、引进技术和设备到货金额、发电量、工业投资、外贸进口、外商直接投资合同金额 7 项先行指标；青岛市的先行指标共有 5 项，分别是工业贷款和消费者预期指数、工业产销率、金融机构存款余额、金融机构贷款余额。因此，对于四川省的经济统计指标，采用上述两种方法对各指标与基准循环指标的 K-L 信息量和时差相关系数进行了测算，经过反复比较，最后选定了规模以上工业品出厂价格指数、钢产量、采购经理指数、金融机构贷款余额、居民消费价格指数、规模以上工业销售产值 6 项先行指标，这些指标涵盖了工业、消费、财政、金融等主要方面。然后，分别编制四川省先行扩散指数与四川省先行合成指数，以对比找出最适合四川省宏观经济波动状况的指数。

1. 先行扩散指数

绘制移动平均后的先行扩散指数图，如图 4.2 所示。同时，因规模以上工业增加值波动和 GDP 相似，可以得到反映四川省宏观经济波动的曲线，如图 4.3 所示。图 4.2 中的黑色横线代表 50%，图 4.3 中的阴影部分即为宏观经济波动由峰到谷的下降部分。

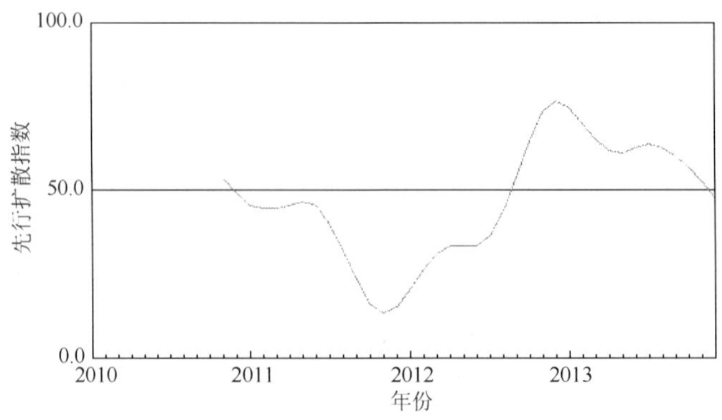

图 4.2　移动平均后的先行扩散指数

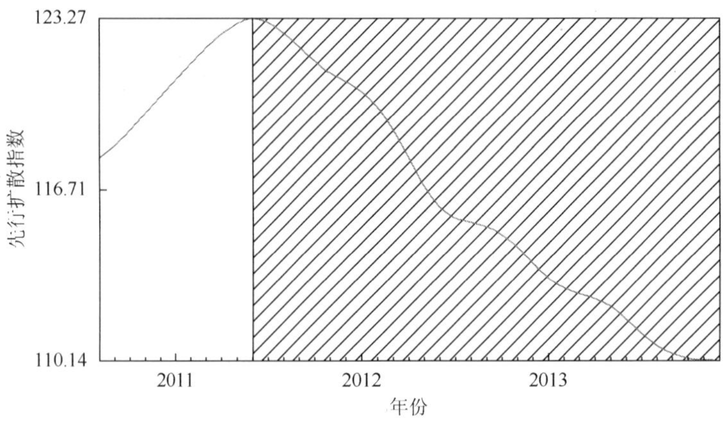

图 4.3　四川省宏观经济波动曲线

由扩散指数的定义可见，当它大于 50%时，意味着有过半数的指标所代表的经济活动上升，反之，扩散指数低于 50%时，有过半数的经济活动下降。因此，当移动平均后的先行扩散指数由上方向下方穿过 50%线时，取前一个月作为扩散指数峰的日期。而当移动平均后的先行扩散指数由下方向上方穿过 50%线时，取前一个月作为扩散指数谷的日期。可以得到移动平均后的先行扩散指数的峰谷日期，从而得到先行扩散指数在 2010.8～2010.11，2012.8～2013.12 时期内处于上升阶段，在 2010.11～2012.8 时期段处于下降阶段。同理，从四川省的宏观经济的峰谷情况可以得到，2010.8～2011.5 期间，四川省的宏观经济处于扩张阶段，2011.5 之后四川省的经济处于收缩阶段一直到 2013 年 12 月，但 2013 年后的情况未知。可见，在实际情况中，先行扩散指数 2010.11～2012.8 的下降阶段对应于宏观经济 2011.5 之后的收缩阶段，先行于宏观经济 6 个月。先行扩散指数 2012.8～2013.12 的上升阶段对应四川省宏观经济变动 2013 年 12 月之后，所以 2013 年 12 月之后有宏观经济波动曲线有扩张的趋势。因此先行指数应该至少先行宏观经济的下一个扩张期至少 17 个月。根据已有的数据，计算出先行扩散指数平均领先于四川省宏观经济的日期约为 (6+17)/2=11.5 个月。

2. 先行合成指数

绘制先行合成指数，如图 4.4 所示。其中，阴影部分即为先行合成指数从峰到谷的下降部分。

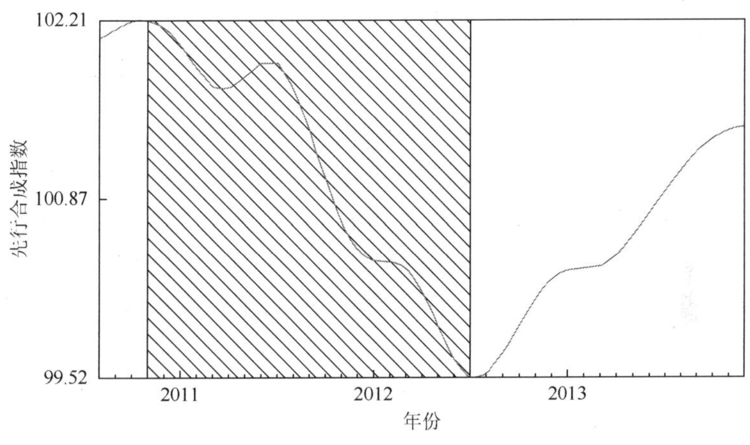

图 4.4　先行合成指数

从图可以清楚地看到，在这个时间序列当中，在以下时期处于下降阶段：2010.10～2012.6。在 2010.8～2010.10，2012 年 6 月以后处于上升阶段。同理，从四川省的宏观经济的峰谷情况可以得到，2010.8～2011.5 期间，四川省的宏观经济处于扩张阶段，2011 年 5 月之后四川省的经济处于收缩阶段一直到 2013 年 12 月。可见，在实际情况中，先行合成指数 2010.10～2012.6 的下降期先行于宏观经济 2011.05 之后的收缩阶段 7 个月，而先行合成指数 2010 年 10 月之前的上升期与宏观经济 2011 年 5 月的扩张期几乎同时开始。所以，根据已有的数据，计算出先行合成指数平均领先于四川省宏观经济的日期为 (7+7)/2=7 个月。

4.2.2　一致指数研究

景气指标需要有历史序列数据，而在进行研制过程中，碰到历史数据不全不真等困难，筛选出的一致指标有欠理想；有些指标从定性分析应包括进去，但因缺乏早期数据，致使无法选上，一些虽然选上了，但早期的波动规律较混乱，以致影响早期的总趋势，规律性也不强。基于这些因素，在以下的分析中只能按现行掌握数据所得出结果进行分析。

工业生产和市场需求变动是经济循环波动的主导因素。经济运行的轨迹，主要通过工业生产和市场需求来反映，它们构成整个经济运行的主体。实证的结果也显示了四川省工业生产和市场营销是经济运行态势的两大决定要素。

规模以上工业增加值是指工业企业在报告期内以货币形式表现的工业生产活动的最终成果，是企业全部生产活动的总成果扣除了在生产过程中消耗或转移的物质产品和劳务价值后的余额，是企业生产过程中新增加的价值。规模以上工业增加值是指全部国有工业企业及年产品销售收入 500 万元以上的非国有工业企业实现的增加值，是通过全面报表取得的，为月度公布指标。它是反映工业产品总量的两项重要指标之一。

财政支出与财政收入，在经济活动中有相当重要的作用，反映了我国固定资产投资、工业生产等资金的来源与企业和其他部门各种利税的上缴情况。财政收入是国家集中支配的货币收入，主要来源于工业、农业、建筑业、交通运输业和商业五大部门，这个指标的选定，对经济波动的成因分析是很有利的。

选择这两个指标即规模以上工业增加值、地方财政收入为一致指标，涵盖了生产、财政、物价等几个方面。

1. 一致扩散指数

一致扩散指数可以确认经济周期波动的现状。在一致指标组的基础上，移动平均后的一致扩散指数如图 4.5 所示。

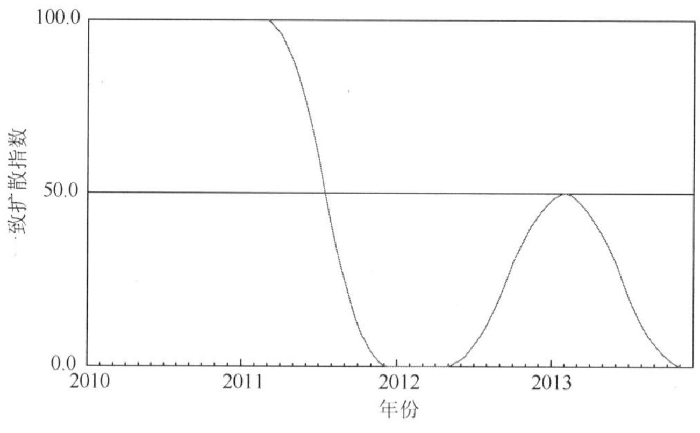

图 4.5　移动平均后的一致扩散指数

从一致扩散指数来看，四川省从 2010 年 8 月到 2013 年 12 月，经济波动经历了 1 个峰，为 2011 年 2 月，之后的时间内经济一直下滑，预计 2013 年 12 月后经济会继续收缩。而由图 4.6 可知，基准循环指数在 2011 年 5 月达到峰，而一致扩散指数已于当年 2 月达到峰值，从图的分析得出一致扩散指数没有很好地反映四川省的经济波动情况。

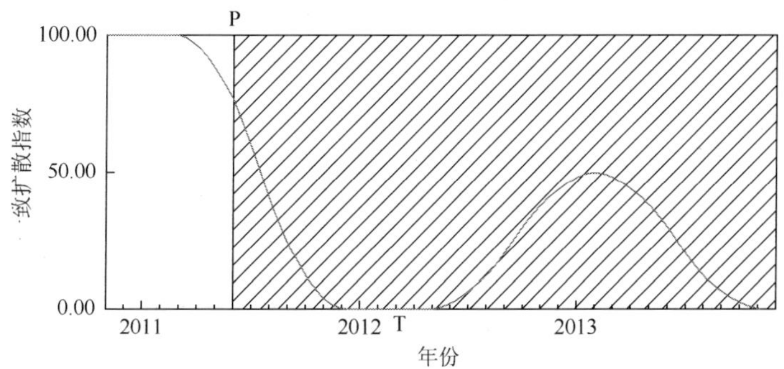

图 4.6　移动平均后的一致扩散指数与基准循环指数对比

P—基准日期的峰，T—基准日期的谷

2. 一致合成指数

在一致指标组的基础上，移动平均后的一致合成指数如图 4.7 所示。

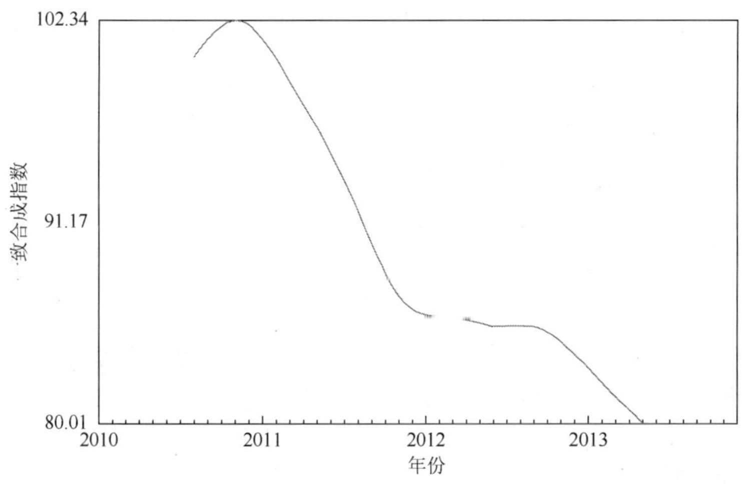

图 4.7　一致合成指数

从图 4.7 一致合成指数看出，于 2010 年 10 月达到了顶峰，之后经过调整，一致合成指数在经济周期的作用下，开始了持续下降的趋势，一直到 2011 年 11 月，下降幅度都很大，之后到 2013 年 4 月，下降幅度有所减缓。

而由图 4.8 所知，基准循环指数在 2011 年 5 月达到顶峰，一致合成指数是在提前了 7 个月到达峰值（图 4.7），之后经过宏观调整，基准循环指数和一致合成指数都保持了下降的趋势，都是先大幅下降，再缓慢下降，一致合成指数是在 2011 年 11 月开始缓速下降，基准循环是在 2012 年 5 月开始的。最后两者都是在 2013 年 4 月份之后保持了继续下降的趋势，所以两者上升下降的趋势基本相同，从图的分析得出一致合成指数可以很好地反映四川省的经济波动情况。

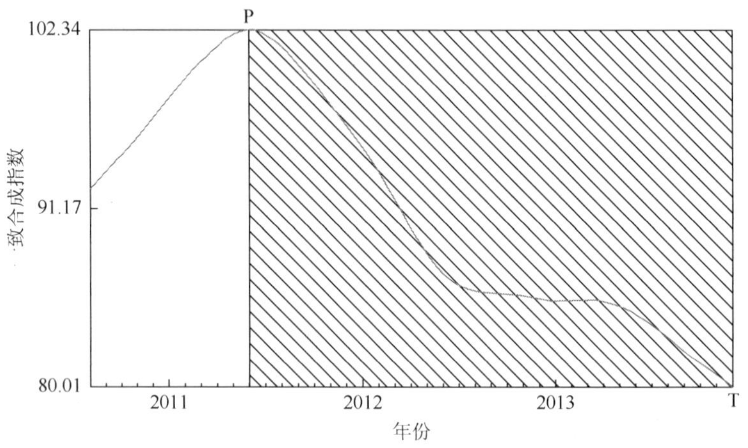

图 4.8　一致合成指数与基准循环指数对比

P—基准日期的峰，T—基准日期的谷

从以上分析可以看出，先行扩散指数领先宏观经济 11.5 个月，时间跨度较长，先行合成指数领先宏观经济 7 个月，具有更好的指导性。一致扩散指数不能很好地反映四川省的经济运行状况，一致合成指数能很好地反映四川省经济波动情况。

4.3　综合预警模型的建立

在前面理论研究基础上，结合四川省实际的情况，以及专家意见，首先进行单指标经济预警，然后在单指标预警的基础上进行综合预警。

4.3.1　单指标经济预警

利用前面单指标预警的理论和方法，应用到四川省的宏观经济单指标预警中，从指标选取开始，到界限的确定，最后建立单指标预警系统，并分析四川省经济发展状况。

1. 单指标的选取依据

由于我们研究的对象是四川省宏观经济系统，所以指标应尽可能从国民经济的各个方面各个领域进行选择，只有这样才能有效保证景气分析指标的代表性与完整性。宏观经济包括生产、分配、流通和消费四个环节，我们确定以下 10 个指标。

1）居民消费价格指数

目前我国核心的价格指数是居民消费价格指数（CPI）。CPI 是反映居民购买并用于消费的商品和服务项目价格水平的变动趋势和变动幅度的指数。该指数与居民日常生活密切相关，较全面地反映了消费市场价格的变动，具有较强的时效性和国际可比性，国际上通常将其作为反映通货膨胀（或通货紧缩）程度的重要指标。

结合四川省的宏观经济实际情况，这里也采用同比 CPI 作为监测指标。

2）地方财政收入

地方财政收入具有监测经济变化的作用。当经济发生波动时，财政收入也会发生相应的变化。例如，当经济发生衰退时，产出水平下降，个人收入减少，在税率不变时，财政收入也相应地减少，因此也把它作为一个监测指标。

3）钢产量

钢是最重要的生产资料，在每次的宏观经济调控中，钢产量的变化可以直接反映国民经济的景气。一般来讲，国民经济是否景气大都会直接反映在钢的需求量和价格的变化上来，因此，也把钢产量作为一个监测指标。

4）规模以上工业销售产值

工业销售产值是以货币表现的工业企业在报告期内销售的本企业生产的工业产品总量，包括已销售的成品、半成品价值、对外提供的工业性作业价值和对本企业基建部门、生产福利部门等提供的产品和工业性作业及自制设备的价值，按现行价格计算。它反映了企业生产的产品总量，对工业经济总量影响比较大。

5）规模以上工业增加值

工业增加值是指工业企业在报告期内以货币形式表现的工业生产活动的最终成果；是工业企业全部生产活动的总成果扣除了在生产过程中消耗或转移的物质产品和劳务价值后的余额；是工业企业生产过程中新增加的价值。

增加值是国民经济核算的一项基础指标。各部门增加值之和即是国内生产总值，它反映的是一个国家（地区）在一定期时期内所生产的和提供的全部最终产品和服务的市场价值的总和，同时也反映了生产单位或部门对国内生产总值的贡献。

结合周期波动的产业关联机制，规模以上工业产品销售产值、规模以上工业销售产率、规模以上工业增加值等指标都进入备选指标的行列，因为这些指标的波动变化是投资和扩大再生产的前提，具有很强的产业关联性，其变动对国民经济整体产生很大的影响。结合四川省的实际情况，这三个指标都与四川省的经济波动有着很大的关联，因此，都被纳入到四川省的监测指标中。

6）采购经理指数

采购经理指数是一套月度发布的、综合性的经济监测指标体系，是通过对采购经理的月度调查汇总出来的指数，反映了经济的变化趋势。制造业及非制造业采购经理指数商业报告分别于每月 1 号和 3 号发布，时间上大大超前于政府其他部门的统计报告，所选的指标又具有先导性，所以采购经理指数已成为监测经济运行的及时、可靠的先行指标。

7）工业品出厂价格指数

工业品出厂价格指数是反映全部工业产品出厂价格总水平的变动趋势和程度的相对数。其中除包括工业企业售给商业、外贸、物资部门的产品外，还包括售给工业和其他部门的生产资料以及直接售给居民的生活消费品。通过工业生产价格指数能观察出厂价格变动对工业总产值的影响。

8）金融机构存款余额

金融机构存款余额是反映社会闲散资金向银行流入的水平，金融信贷的宽松与紧张，是经济扩张与收缩的前提，它们当前的变化是诱发经济循环波动的主要因素，为分析未来提供了最早的信号，这个也纳入四川省宏观经济的监测中来。

综上所述，我们按照选取的原则和以上的理论依据，应该选取的单指标为规模以上工业销售产值、采购经理指数、居民消费价格指数、钢产量、工业品出厂价格指数、规模以上工业增加值、金融机构存款余额、地方财政收入等八个指标。这些数据基本都是采用同比增长率，时间范围是从 2009 年 1 月到 2013 年 12 月，共 60 个样本。数据主要来源是四川省统计局的经济统计月报。

2. 单指标界限确定

结合四川省的宏观经济实际情况，以及确定预警界限值方法的可行性与实用性，我们采用了两种方法，即上面介绍的统计方法和样本比重法。

1）统计方法

统计方法求临界值，假设样本服从 t 分布，求出样本的平均值和标准差，然后按照各指标的类型根据上面介绍的方法进行计算。在这里，指标的绿灯区是由上限和下限一起决定的，因此，指标的临界值都应根据第一种类来确定。

第一种类的临界值确定绿灯所占的区域是 50%，浅蓝灯和黄灯分别占区域的 15%，红灯和蓝灯分别占了 10%，因此我们在确定绿灯上、下界限值的时候，其置信度是 50%，而在确定浅蓝灯和黄灯的界限值时其置信度是 20%。将置信度和每个指标的均值和标准差代入公式中，就可以求出预警控制线。预警控制线分别为 $\overline{X}-0.68S$，$\overline{X}-0.25S$，$\overline{X}+0.25S$，$\overline{X}+0.68S$，表 4.4 是各个单指标确定的临界值。

表 4.4　统计方法单指标预警临界值

指标名称	过冷	趋冷	适度	趋热	过热
规模以上工业销售产值	≤107.81	107.81～113.79	113.79～120.74	120.74～126.71	≥126.71
采购经理指数	≤49.59	49.59～50.14	50.14～50.78	50.78～51.34	≥51.34
居民消费价格指数	≤102.83	102.83～103.39	103.89～104.04	104.04～104.60	≥104.60
钢产量	≤102.43	102.43～104.46	104.46～106.83	106.83～108.87	≥108.87
工业品出厂价格指数	≤99.12	99.12～101.01	101.01～103.20	103.20～105.09	≥105.09
规模以上工业增加值	≤114.08	114.08～115.95	115.95～118.12	118.82～119.99	≥119.99
金融机构存款余额	≤115.82	115.82～116.75	116.75～117.84	117.84～118.77	≥118.77
地方财政收入	≤114.55	114.55～118.82	118.82～123.79	123.79～128.06	≥128.06

2）样本比重法

这种方法是比较常用的一种方法，红灯区的点数占全部点数的 10%，黄灯区的点数占全部点数的 15%，绿灯区的点数占全部点数的 50%，浅蓝灯区点数占全部点数的 15%，蓝灯区的点数占全部点数的 10%。我们以此为基础，确定了 4 条警界控制线，表 4.5 是各个单指标确定的临界值。

表 4.5　样本比重法单指标预警临界值

指标名称	过冷	趋冷	适度	趋热	过热
规模以上工业销售产值	≤95.05	95.05～102.80	102.80～130.18	130.18～134.23	≥134.23
采购经理指数	≤48.76	48.76～49.51	49.51～51.44	51.44～52.50	≥52.50
居民消费价格指数	≤102.21	102.21～102.62	102.62～105.06	105.06～105.80	≥105.80
钢产量	≤97.78	97.78～102.75	102.75～109.56	109.56～111.78	≥111.78
工业品出厂价格指数	≤96.71	96.71～98.14	98.14～107.57	107.57～108.13	≥108.13
规模以上工业增加值	≤110.40	110.40～112.73	112.73～121.17	121.17～122.70	≥122.70
金融机构存款余额	≤115.57	115.57～115.95	115.95～117.24	117.24～122.00	≥122.00
地方财政收入	≤109.72	109.72～112.84	112.83～131.62	131.62～137.05	≥137.05

从方法 1 和方法 2 可以看出，居民消费价格指数、规模以上工业增加值和金融机构存款余额、钢产量和采购经理指数这些指标的临界划分的结果比较接近；规模以上工业销售产值、工业品出厂价格指数和地方财政收入两种方法的划分在过冷点和趋冷点有很大的差异，下面要对这两种方法进行一个综合，然后结合四川省宏观经济实际情况进行调整。

总之，上述两种方法中大多数指标临界点的确定是很相近的，我们只要对其综合考虑就可以了，但是有个别差异较大的指标我们要对这两种方法进行一个综合，然后再根据历史经验值，结合四川省经济的情况进行了调整，因为需要考虑到指标的异常情况。

3）综合方法

结合统计方法和样本比重法确定临界值的结果，大多数指标临界点的确定差异不大，但是有个别指标在某种划分上有一定的差别。下面根据四川省经济的情况，也参考了各个单指标本身的内在因素，然后结合历史经验值，对这 10 个指标进行了综合考虑，把这两种方法的结果进行了结合，最终得到的单指标的临界点如表 4.6 所示。

表 4.6　综合方法单指标预警临界值

指标名称	过冷	趋冷	适度	趋热	过热
规模以上工业销售产值	≤101.43	101.43～108.29	108.29～125.46	125.46～130.47	≥130.47
采购经理指数	≤49.17	49.17～49.82	49.82～51.11	51.11～52.22	≥52.22
居民消费价格指数	≤102.52	102.52～103.00	103.00～104.55	104.55～105.20	≥105.20
钢产量	≤100.10	100.10～102.61	102.61～108.20	108.20～110.32	≥110.32
工业品出厂价格指数	≤97.92	97.92～99.57	99.57～105.38	105.38～106.61	≥106.61
规模以上工业增加值	≤112.24	112.24～114.34	114.34～119.64	119.64～121.35	≥121.35
金融机构存款余额	≤115.69	115.69～116.35	116.35～117.54	117.54～120.39	≥120.39
地方财政收入	≤112.13	112.13～115.83	115.83～127.70	127.70～132.56	≥132.56

3. 单指标预警信号灯

根据单指标的临界值的区间，对单指标进行信号预警，预警结果如图 4.9（a）和（b）所示。

指标名称	2010					2011											
	8	9	10	11	12	1	2	3	4	5	6	7	8	9	10	11	12
1. 居民消费价格指数	●	●	●	●	●	●	●	●	●	●	●	●	●	●	●	●	●
2. 工业品出厂价格指数	●	●	●	●	●	●	●	●	●	●	●	●	●	●	●	●	●
3. 采购经理指数	●	●	●	●	●	●	●	●	●	●	●	●	●	●	●	●	●
4. 地方财政收入	●	●	●	●	●	●	●	●	●	●	●	●	●	●	●	●	●
5. 钢产量	●	●	●	●	●	●	●	●	●	●	●	●	●	●	●	●	●
6. 金融机构存款余额	●	●	●	●	●	●	●	●	●	●	●	●	●	●	●	●	●
7. 规模以上工业增加值	●	●	●	●	●	●	●	●	●	●	●	●	●	●	●	●	●
8. 规模以上销售产值	●	●	●	●	●	●	●	●	●	●	●	●	●	●	●	●	●
综合判断	●	●	●	●	●	●	●	●	●	●	●	●	●	●	●	●	●
	29	29	32	35	37	36	36	35	35	35	37	36	35	33	33	26	23

(a)

指标名称	2012												2013											
	1	2	3	4	5	6	7	8	9	10	11	12	1	2	3	4	5	6	7	8	9	10	11	12
1. 居民消费价格指数	●	●	●	●	●	●	●	●	●	●	●	●	●	●	●	●	●	●	●	●	●	●	●	●
2. 工业品出厂价格指数	●	●	●	●	●	●	●	●	●	●	●	●	●	●	●	●	●	●	●	●	●	●	●	●
3. PMI	●	●	●	●	●	●	●	●	●	●	●	●	●	●	●	●	●	●	●	●	●	●	●	●
4. 地方财政收入	●	●	●	●	●	●	●	●	●	●	●	●	●	●	●	●	●	●	●	●	●	●	●	●
5. 钢产量	●	●	●	●	●	●	●	●	●	●	●	●	●	●	●	●	●	●	●	●	●	●	●	●
6. 金融机构存款余额	●	●	●	●	●	●	●	●	●	●	●	●	●	●	●	●	●	●	●	●	●	●	●	●
7. 规模以上工业增加值	●	●	●	●	●	●	●	●	●	●	●	●	●	●	●	●	●	●	●	●	●	●	●	●
8. 规模以上销售产值	●	●	●	●	●	●	●	●	●	●	●	●	●	●	●	●	●	●	●	●	●	●	●	●
综合判断	●	●	●	●	●	●	●	●	●	●	●	●	●	●	●	●	●	●	●	●	●	●	●	●
	22	22	21	20	16	13	12	12	12	12	12	15	15	18	19	19	18	20	19	19	19	18	19	19

(b)

图 4.9　各个指标的预警信号灯

● 表示过热，● 表示偏热，● 表示正常，● 表示偏冷，● 表示过冷

从图中可以看出，在 2011 年 8 月到 2011 年 10 月期间，大部分指标都处于偏热甚至过热状态，主要是由于 2007 年后的通货膨胀。2011 年 10 月以后，经济情况逐渐下滑，正常了几个月以后就进入偏冷或过冷状态。

通过对近年来的预警信号灯进行分析，得出以下结论：

1）规模以上工业销售产值

四川省规模以上工业销售产值在 2010 年 8 月到 2011 年 12 月处于偏热和过热的状态，2012 年 1 月到 2012 年 4 月、2013 年 4 月到 2013 年 12 月处于正常状态，而 2012 年 5 月到 2013 年 3 月处于偏冷或者过冷的状态。

2）金融机构存款余额

金融机构存款余额 2010 年 8 月到 2011 年 4 月处于偏热或过热的状态，2011 年 7 月到 2012 年 5 月，2013 年 7 月到 2013 年 12 月处于偏冷或过冷的状态，2012 年 6 月到 2013 年 6 月以及 2011 年 4、5 月处于正常状态。

3）工业品出厂价格指数

工业品出厂价格指数从 2010 年 10 月到 2011 年 10 月一直处于偏热或过热状态，从 2011 年 11 月到 2012 年 4 月处于正常状态，从 2012 年 5 月到 2013 年 10 月都处于偏冷或过冷状态，2013 年 5 月年底开始趋于正常。

4）钢产量

钢产量从 2010 年底到 2011 年底基本处于偏热或过热的状态，从 2012 年 5 月到 2013 年 1 月，钢产量基本处于偏冷和过冷的状态。其他时间处于正常状态。

5）地方财政收入

地方财政收入在 2010 年 11 月到 2011 年 10 月基本上是处于偏热或者过热的状态，2012 年 4 月到 2013 年 2 月以及 2013 年 8 月以后基本处于偏冷或过冷的状

态，其他时间在正常状态。

6）居民消费价格指数

居民消费价格指数在 2010 年 10 月到 2011 年 10 月处于偏热或过热状态，2012 年 2 月到 2013 年 7 月处于偏冷或过冷状态，其他时间处于正常状态。

7）规模以上工业增加值

规模以上工业增加值从 2010 年 12 月到 2012 年 2 月都处于偏热或过热状态，从 2012 年 3 月到 2012 年 11 月恢复正常状态，在 2012 年 12 月以后开始偏冷，从 2013 年 5 月进入过冷状态。

8）采购经理指数

采购经理指数从 2010 年 8 月开始到 2011 年 2 月基本处于偏热或过热状态，正常了 3 个月后又偏热了两个月，然后正常了 4 个月到 2011 年 11 月，接着进入偏冷和过冷阶段，到 2013 年 6 月以后恢复正常。

从上面可以看出，四川省宏观经济在 2010 年后半年和 2011 年大都处于偏热或者是过热的状态，2012 年 6 月到 2013 年 5 月大多处于偏冷或过冷状态，2013 年 6 月以后开始逐渐恢复正常。

4.3.2 综合预警

利用经济预警信号系统的理论，结合四川省实际情况，进行综合预警的指标的选择、预警界限的设置，在此基础上，建立四川省经济预警系统，并分析四川省近年经济状况。

1. 预警指标的选择

以四川省经济预警指标体系中的 8 个先行和一致指标为基础进行指标选取，根据综合预警指标选择的原则，一般选择 10 个左右。因为规模以上工业总产值和规模以上工业增加值都是工业生产类指标，关联性很大，从中选择一个。因为规模以上工业总产值更能代表工业生产状况，所以，可以确定四川省预警信号系统的指标体系如下：规模以上工业销售产值、采购经理指数、居民消费价格指数、钢产量、工业品出厂价格指数、规模以上工业增加值、金融机构存款余额、地方财政收入等。

2. 指标权重的确定

考察其他地区综合预警系统权重的确定方法并结合四川省的实际情况，下面使用信息熵法及离差最大化法来尝试确定四川省综合预警系统权重，进行编程计算得到如表 4.7 所示结果。

表 4.7　信息熵法和离差最大化法确定权重

经济指标	信息熵法权重	CRITIC 法权重
规模以上工业销售产值	0.4879	0.0907
采购经理指数	0.0410	0.2427
居民消费价格指数	0.0054	0.0893
钢产量	0.0690	0.0809
工业品出厂价格指数	0.1109	0.0929
规模以上工业增加值	0.0472	0.1435
金融机构存款余额	0.0116	0.1688
地方财政收入	0.2271	0.0914

从结果来看，两种方法得到的权重还是有不少差距。从实际来看，应用信息熵法得到的权重，其中规模以上工业增加值作为四川省宏观经济最为重要的指标权重只有 0.0472，明显不太符合实际经济情况。另外，居民消费价格指数的权重太小，规模以上工业销售产值的权重过大，都不太符合实际情况，所以我们还是确定使用 CRITIC 法得到权重。

3. 预警界限的设置

利用信息熵得到的权重，得到四川省宏观经济的综合波动趋势，再根据警限确立的方法，确立宏观经济的综合预警警限（表 4.8）。

表 4.8　综合预警指标警限表

指标名称	过冷	趋冷	适度	趋热	过热
四川省宏观经济	≤104.96	104.96～107.45	107.45～111.84	111.84～114.20	≥114.20

4. 四川省经济状况分析

根据四川省宏观经济综合预警曲线和综合警限得到四川省宏观经济综合预警图，如图 4.10 所示。

总体上来看，2010.08～2013.12 期间，四川省经济经历了从偏热到过热到偏热到正常，再从正常到偏冷到过冷再回归正常的过程。

第一阶段：2010.08～2011.08 期间，综合信号灯主要为黄灯，四川省经济状况偏热。其中 2011.05～2011.08 期间，综合信号灯为红灯，四川省经济状况过热。

第二阶段：2011.09～2012.06 期间，四川省经济一路下滑。2011.09～2011.10 期间，综合信号灯为黄灯，四川省经济状况偏热。2011.10～2012.04 期间，综合

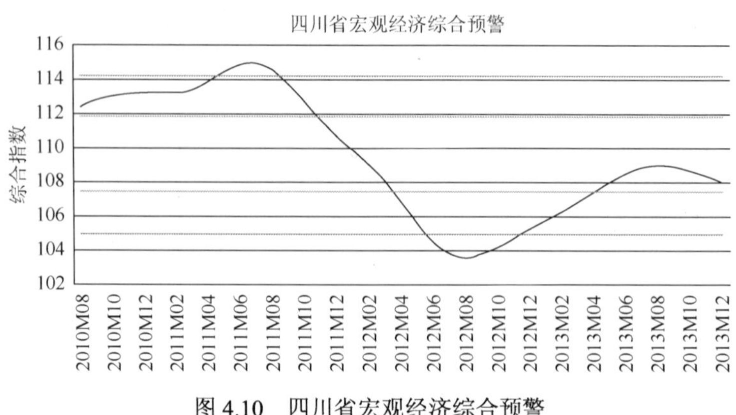

图 4.10　四川省宏观经济综合预警

信号灯为绿灯，说明经济正常。2012.04～2012.06 期间，综合信号灯为浅蓝灯，四川省经济状况偏冷。

第三阶段：2012.06～2012.10 期间，综合信号灯为蓝灯，四川省经济过冷。

第四阶段：2012.10～2013.12 期间，四川省经济平缓增长，2012.10～2013.05 综合信号灯为浅蓝灯，经济状况稍有恢复，变为偏冷。2013.05～2013.12，综合信号灯为绿灯，四川省经济恢复正常。

5. 综合预警系统的检验和评价

由于四川省综合经济预警图在进行综合时，采用的有 6 个先行指标，2 个一致指标，因此相对来说，先行指标对最后的综合经济变动图贡献较大，占了 75%；而且由景气指数部分的分析可知，合成指数比扩散指数对经济描述的情况更贴切一点，所以对比先行合成指数，发现四川省宏观经济综合预警图与先行合成指数变动趋势很一致，都是经济先扩张，综合预警图是在 2010.08～2011.08，2012.10 开始扩张，先行合成图是在 2010.08～2010.10，2012.06 以后处于上升阶段，先行合成的时期要比综合预警的时期先行几个月。对经济下降阶段来说，综合预警图是在 2011.09～2012.08 开始经济的缓慢收缩，先行合成指数是在 2010.10～2012.06 就开始了经济的下降，相对来说要先行一年左右。总体来说先行合成指数与综合预警图都是保持着经济先缓慢扩张，再到快速地收缩，最后再逐渐趋于正常区域的态势。这样可以证明四川省综合经济预警图能很好地描述四川省宏观经济的变动。

6. 三种预警方式的比较

使用 GMDH 模型对先行合成指数（X_1）和综合预警指数（X_2）进行拟合，时滞为 3，得到以下公式：

$$X_1 = 2.8951+2.4460X_{1(t-1)}-1.9793X_{1(t-2)}+0.5046X_{1(t-3)}$$

$$X_2 = 1.2916+2.6723X_{2(t-1)}-2.3812X_{2(t-2)}+0.6970X_{2(t-3)}$$

其中，t 表示当前时期。两条曲线的拟合效果都很好，R^2 和调整的 R^2 均大于 0.99。综合两条曲线得到

$$X_3=1.2230X_{1(t-1)}-0.9896X_{1(t-2)}+0.2523X_{1(t-3)}+1.3362X_{2(t-1)}-1.1906X_{2(t-2)}+0.3485X_{2(t-3)}+2.0933$$

根据拟合的曲线作出图 4.11，可以看到，三种指数的波动基本一致。先行合成指数因为使用了移动平均，所以整条曲线比较平滑，变化较小。综合预警指数的波动较大，并且是用客观赋值法和每个指标的值计算所得，较为客观地反映了实际经济情况。两者的综合指数则处在两条曲线的中间，比起先行合成指数更客观地反映了实际经济波动，比起综合预警指数较为平滑。在预警时可综合三种预警指数，结合实际情况酌情处理。

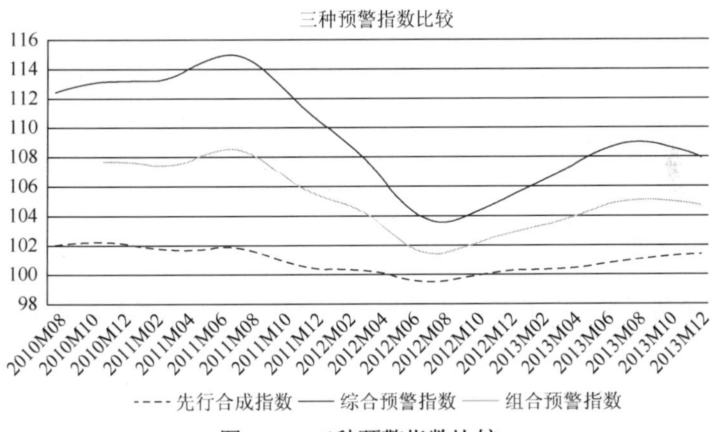

图 4.11　三种预警指数比较

参 考 文 献

[1] 张泽厚. 中国经济波动与监测预警. 北京：中国统计出版社，1992.

[2] 黄印林. 地方宏观经济预警模型与算法研究. 重庆：重庆大学硕士学位论文，2005.

[3] 蒋琦. 贵州经济监测及预警系统研究. 贵阳：贵州财经学院硕士学位论文，2010.

[4] 苏湘昱. 杭州宏观经济景气监测与预警系统调研. 统计科学与实践，2009，(4)：16-18.

[5] 欧江波，周兆钿. 基于 AHP 的中心城市紧急预警指标体系研究——以广州为例. 经济师，2012，(6)：13-15，17.

[6] 谭德彬. 基于景气预测技术的宏观经济监测预警系统的设计与实现. 成都：西南财经大学硕士学位论文，2004.

[7] 王慧敏，陈宝书. 基于理性预期的宏观经济预警系统研究. 中国矿业大学学报，1998，(3)：272-275.

[8] 晏露蓉，吴伟. 借鉴和思考：国内外经济运行先行指标体系比较. 金融研究，2005，(9)：39-49.

[9] 霍德才. 唐山区域经济预警系统分析. 唐山：河北理工学院硕士学位论文，2001.

[10] 刑武晋. 一种宏观经济监测预警系统的开发. 系统工程，1998，16（6）：20-23.

[11] 陈述晕. 用多元分析方法建立宏观经济监测预警系统. 预测，1991，(6)：35-39，43.

[12] 谢佳斌，王斌会. 中国宏观经济景气监测的预警体系. 统计与决策，2007，(4)：122-124.

第 5 章　经济仿真与预测模型

仿真预测与系统的建设将基于需求导向型的宏观经济模型，采用多方程模型作为该系统的模型算法，通过政策模拟仿真来为宏观经济决策者提供参考[1]。

5.1　模型的建立步骤

四川省宏观经济仿真一共 15 个模型，包括城镇居民消费、农村居民消费、政府消费、社会消费品零售总额、固定资本形成总额、固定资产投资额、财政收入、第二产业劳动力、第三产业劳动力、农村居民人均纯收入、城镇居民人均可支配收入、工业增加值、建筑业增加值、第三产业增加值、全省生产总值。仿真模型的建立主要有以下步骤：确定指标、主成分分析、估计主成分系数和还原模型方程。

5.1.1　确定指标

对于每个仿真模型，首先需要确定与被解释变量有关系和影响的指标作为模型的解释变量。主要根据宏观经济学理论、相关性分析和格兰杰因果检验这三种方法来确定解释变量。

1. 宏观经济学理论

首先根据宏观经济学的理论，找出与被解释变量有直接或间接关系的指标。例如，对于固定资产投资额，它是建造和购置固定资产的经济活动，包括政府、企业和个体的投资。因此，对固定资产投资额具有较为明显影响的指标主要有财政支出、政府消费、第二产业增加值、居民消费等，这些指标都应纳入固定资产投资额的仿真模型，作为模型的解释变量。

同样的，根据宏观经济学知识找出其他 14 个模型的解释变量。

2. 相关性分析

利用 SPSS 软件，对每个被解释指标与其他宏观经济指标进行 Spearman 相关分析，选出相关性较高的指标。Spearman 相关系数的公式为[2]

$$r_{\mathrm{S}} = 1 - \frac{6\sum_{j=1}^{n}(R_j - Q_j)^2}{n(n^2 - 1)} \tag{5.1}$$

其中，R_j 和 Q_j 分别是两个变量的第 j 个值的秩次，n 为样本容量。

Spearman 相关系数的取值区间为$-1 \leqslant r_S \leqslant 1$。$|r|$越接近于 1，线性相关程度越高；$|r|$越接近于 0，线性相关程度越低。$r>0$，表示两个变量呈正相关；$r<0$，表示两个变量呈负相关；$r=0$，表示两个变量不存在线性相关。

以固定资产投资额为例，通过相关分析找出相关系数绝对值大的指标，除根据宏观经济学理论选出的上述指标外，还有固定资本形成总额、财政收入。因此，它们也应该纳入固定资产投资额的仿真模型。

其余 14 个模型也以此方法找出相关性高的指标作为解释变量。

3. 格兰杰因果检验

格兰杰因果检验，用于分析经济变量之间的格兰杰因果关系。格兰杰因果检验，假定有关 y 和 x 每一变量的预测信息，全部都包含在这些变量的时间序列当中，考察 x_t 和 y_t 之间的格兰杰因果关系时，首先要考察 y_t 经过一定滞后期后能被 x_t 解释的程度，然后再分析如果介入 x_t 的滞后值，能否提高 y_t 的被解释的程度。检验要求估计以下的回归[3]：

$$y_t = \sum_{i=1}^{q} \partial_i x_{t-i} + \sum_{j=1}^{q} \beta_j y_{t-j} + u_{1t} \tag{5.2}$$

$$x_t = \sum_{i=1}^{s} \lambda_i x_{t-i} + \sum_{j=1}^{s} \delta_j y_{t-j} + u_{2t} \tag{5.3}$$

其中，白噪声 u_{1t} 和 u_{2t} 假定为不相关。

下面分四种情形讨论。

（1）x 是引起 y 变化的原因，表示存在由 x 到 y 的单向因果关系。如果式（5.2）中滞后的 x 的系数估计值在统计意义上整体显著不等于零，同时式（5.3）中滞后的 y 的系数估计值在统计意义上整体的显著性又等于零，则存在由 x 到 y 的单向因果关系。

（2）y 是引起 x 变化的原因，表示存在由 y 到 x 的单向因果关系。如果式（5.3）中滞后的 y 的系数估计值，在统计意义上整体的显著不等于零，同时式（5.2）中滞后的 x 的系数估计值在统计意义上整体显著等于零，则称 y 是引起 x 变化的原因。

（3）x 与 y 相互为因果关系，表示存在两变量之间双向的因果关系，即 x 到 y 具有因果关系，而由 y 到 x 也有因果关系。如果式（5.2）中滞后的 x 的系数估计值在统计意义上整体显著不等于零，同时式（5.3）中滞后的 y 的系数估计值在统计意义上整体显著不等于零，那么表明变量 x 和 y 间存在双向的因果关系。

（4）x 和 y 是独立的，即表示没有因果关系。如果式（5.2）中滞后的 x 的系数估计值在统计意义上整体显著等于零，同时式（5.3）中滞后的 y 的系数估计值在统计意义上显著等于零，即表示两变量之间不存在因果关系。

格兰杰因果检验只能适用于时间序列数据模型的检验。由于模型的指标数据具有时序性，上一期的某一指标可能影响该期的另一指标，因此，可以使用此方法检验当前项和滞后项的因果关系。

以固定资产投资额为例，通过格兰杰因果检验找出了对固定资产投资额具有一期滞后性影响的指标，即城镇居民人均可支配收入、农村居民人均纯收入、第二产业劳动力。换言之，上一期的这三个指标会影响当期的固定资产投资额，因此，这些指标也应该纳入固定资产投资额的仿真模型。

其余 14 个模型的具有滞后性影响的指标的选择同此方法。

模型中各指标对应的代码如表 5.1 所示。

表 5.1　模型指标的变量代码

变量代码	变量名称	变量代码	变量名称
X_1	全国出口总额	X_{23}	第二产业劳动力
X_2	国内生产总值	X_{24}	全国消费者价格指数
X_3	第三产业增加值	X_{25}	全省总人口
X_4	消费品零售总额	X_{26}	第三产业劳动力
X_5	农村居民消费	X_{27}	总消费
X_6	农村居民收入额	X_{28}	城镇人口
X_7	城镇居民收入额	X_{29}	农村居民人均纯收入
X_8	企业存款余额	X_{30}	城镇居民人均可支配收入
X_9	城乡居民储蓄存款余额	X_{31}	总存款余额
X_{10}	城镇居民消费	X_{32}	居民人均 GDP
X_{11}	第一产业增加值	X_{33}	居民消费
X_{12}	政府消费	X_{34}	城镇居民人均消费额
X_{13}	第二产业增加值	X_{35}	农村居民人均消费额
X_{14}	固定资产投资额	X_{36}	农村人口
X_{15}	固定资本形成总额	X_{37}	居民人均消费额
X_{16}	商品出口	X_{38}	固定资本形成率
X_{17}	财政总支出	X_{39}	消费率
X_{18}	全省生产总值	X_{40}	居民收入总额
X_{19}	工业增加值	X_{41}	居民人均收入
X_{20}	建筑业增加值	X_{42}	财政收支平衡
X_{21}	财政收入	X_{43}	第一产业劳动力
X_{22}	支出法全省生产总值	X_{44}	总劳动力

注：X_{i-1} 表示 X_i 的前一期，i=1, 2, ···, 44。

5.1.2　主成分分析

根据前一步所确定的指标，利用 SPSS 软件，进行主成分分析，一方面使得变量数据得以标准化，另一方面消除变量数据之间存在的高度共线性。

将指标历年数据分为学习集和检验集。学习集用于模型的建立，检验集用于模型的检验。学习集为 2000～2011 年的数据，检验集为 2012 年的数据。基于学习集（滞后 1 期的指标使用 2000～2010 年的数据），对模型中的解释变量做主成分分析，得出各自的主成分系数。

1. *第二产业劳动力*

第二产业劳动力模型的主成分分析结果如表 5.2 所示。

表 5.2　KMO 和 Bartlett 的检验

取样足够度的 Kaiser-Meyer-Olkin 度量		0.740
Bartlett 的球形度检验	近似卡方	78.052
	df	10
	Sig.	0.000

KMO 统计量越接近于 1，越适合做主成分分析。该模型中 KMO 统计量为 0.740＞0.7，因此适合做主成分分析。

解释的总方差如表 5.3 所示。

表 5.3　解释的总方差

成分	初始特征值			提取平方和载入		
	特征根	方差的贡献率/%	方差累积的贡献率/%	特征根	方差的贡献率/%	方差累积的贡献率/%
1	4.189	83.771	83.771	4.189	83.771	83.771
2	0.660	13.192	96.964			
3	0.126	2.516	99.480			
4	0.022	0.441	99.921			
5	0.004	0.079	100.000			

由表 5.3 可见，主成分 1 的特征值为 4.189＞1，并且累计的方差为 83.771%，所以只提取主成分 1。成分矩阵如表 5.4 所示。

表 5.4　成分矩阵

指标	成分 1
第二产业增加值	0.953
全国消费者价格指数	0.640
全省总人口	0.981
前一期第一产业劳动力	−0.988
前一期第三产业劳动力	0.966

将成分矩阵中各指标的成分值除以主成分 1 的特征值的平方根（即 4.189 的平方根），即得到主成分 F_1 中各指标的系数：

$$F_1 = 0.4655X_{13}+0.3128X_{24}+0.4794X_{25}-0.4826X_{43-1}+0.4720X_{26-1}$$

X_{13}：第二产业增加值　　X_{24}：全国消费者价格指数

X_{25}：全省总人口　　X_{43-1}：前一期第一产业劳动力

X_{26-1}：前一期第三产业劳动力

用同样的方法提取其余 14 个模型的主成分。

2. 第三产业劳动力

$$F_2 = 0.3687X_{27}+0.3699X_3+0.2145X_{24}+0.3706X_2+0.3677X_{28}+0.3693X_{25}+0.3681X_{11-1}+0.3699X_{44-1}$$

X_{27}：总消费　　X_3：第三产业增加值

X_{24}：全国消费者价格指数　　X_2：国内生产总值

X_{28}：城镇人口　　X_{25}：全省总人口

X_{11-1}：前一期第一产业增加值　　X_{44-1}：前一期总劳动力

3. 城镇居民消费

$$F_3 = 0.3141X_1+0.3368X_2+0.3368X_3+0.3365X_4+0.3321X_5+0.3367X_{29}+0.3367X_{30}+0.3361X_9+0.3335X_{16-1}$$

X_1：全国出口总额　　X_2：国内生产总值

X_3：第三产业增加值　　X_4：消费品零售总额

X_5：农村居民消费　　X_{29}：农村居民人均纯收入

X_{30}：城镇居民人均可支配收入　　X_9：城乡居民储蓄存款余额

X_{16-1}：前一期商品出口

4. 农村居民消费

$$F_4 = 0.3546X_9+0.3546X_{18}+0.3518X_{17}+0.3507X_{16}+0.3543X_{29-1}+0.3550X_{15-1}+0.3546X_{21-1}+0.3532X_{31-1}$$

X_9：城乡居民储蓄存款余额　X_{18}：全省生产总值
X_{17}：全省财政支出　X_{16}：商品出口
X_{29-1}：前一期农村居民人均纯收入　X_{15-1}：前一期固定资本形成总额
X_{21-1}：前一期全省财政收入　X_{31-1}：前一期总存款余额

5. 政府消费

$$F_5 = 0.3017X_{13}+0.3025X_4+0.3008X_{10}+0.2991X_5+0.3000X_{14}+0.2995X_{17}+0.3023X_9+0.3021X_{27-1}+0.3022X_{20-1}$$

X_{13}：第二产业增加值　X_4：消费品零售总额
X_{10}：城镇居民消费　X_5：农村居民消费
X_{14}：固定资产投资额　X_{17}：全省财政支出
X_9：城乡居民储蓄存款余额　X_{27-1}：前一期总消费
X_{20-1}：前一期建筑业增加值

6. 消费品零售总额

$$F_6 = 0.3178X_2+0.3180X_3+0.3168X_{10}+0.3132X_5+0.3175X_{29}+0.3177X_{30}+0.3148X_{17}+0.3176X_9+0.3163X_{21-1}+0.3125X_{25-1}$$

X_2：国内生产总值　X_3：第三产业增加值
X_{10}：城镇居民消费　X_5：农村居民消费
X_{29}：农村居民人均纯收入　X_{30}：城镇居民人均可支配收入
X_{17}：全省财政支出　X_9：城乡居民储蓄存款余额
X_{21-1}：前一期全省财政收入　X_{25-1}：前一期全省总人口

7. 固定资本形成总额

$$F_7 = 0.3022X_1+0.3219X_2+0.3145X_{16}+0.3201X_{13}+0.3204X_{12}+0.3189X_{21}+0.3168X_{17}+0.3163X_{14}+0.3136X_{44-1}+0.3172X_{25-1}$$

X_1：全国出口总额　X_2：国内生产总值
X_{16}：商品出口　X_{13}：第二产业增加值
X_{12}：政府消费　X_{21}：全省财政收入
X_{17}：全省财政支出　X_{14}：固定资产投资额
X_{44-1}：前一期总劳动力　X_{25-1}：前一期全省总人口

8. 固定资产投资额

$$F_8 = 0.3339X_{13}+0.3349X_{15}+0.4021X_{12}+0.3331X_{21}+0.3323X_{17}+0.3341X_{33}+0.3345X_{30-1}+0.3342X_{29-1}+0.3307X_{23-1}$$

X_{13}：第二产业增加值　X_{15}：固定资本形成总额
X_{12}：政府消费　X_{21}：全省财政收入
X_{17}：全省财政支出　X_{33}：居民消费
X_{30-1}：前一期城镇居民人均可支配收入
X_{29-1}：前一期农村居民人均纯收入　X_{23-1}：前一期第二产业劳动力

9. 财政收入

$$F_9 = 0.4076X_{14}+0.4080X_{17}+0.4059X_{16}+0.4051X_{11}+0.4112X_{13}+0.4117X_3$$

X_{14}：固定资产投资额　X_{17}：全省财政支出
X_{16}：商品出口　X_{11}：第一产业增加值
X_{13}：第二产业增加值　X_3：第三产业增加值

10. 农村居民人均纯收入

$$F_{10} = 0.3515X_{11}+0.3554X_4+0.3507X_{17}+0.3555X_{30}+0.3543X_{12} +0.3509X_5+0.3544X_{10}+0.3556X_{32-1}$$

X_{11}：第一产业增加值　X_4：消费品零售总额
X_{17}：全省财政支出　X_{30}：城镇居民人均可支配收入
X_{12}：政府消费　X_5：农村居民消费
X_{10}：城镇居民消费　X_{32-1}：前一期居民人均 GDP

11. 城镇居民人均可支配收入

$$F_{11} = 0.3581X_{13}+0.3594X_3+0.3531X_{17}+0.3592X_{29}+0.3580X_{12} +0.3533X_5+0.3589X_{10}+0.3273X_{26-1}$$

X_{13}：第二产业增加值　X_3：第三产业增加值
X_{17}：全省财政支出　X_{29}：农村居民人均纯收入
X_{12}：政府消费　X_5：农村居民消费
X_{10}：城镇居民消费　X_{26-1}：前一期第三产业劳动力

12. 工业增加值

$$F_{12} = 0.4480X_{10}+0.4445X_{16}+0.4457X_{14}+0.4485X_{31-1}+0.4494X_{3-1}$$

X_{10}：城镇居民消费　X_{16}：商品出口
X_{14}：固定资产投资额　X_{31-1}：前一期总存款余额
X_{3-1}：前一期第三产业增加值

13. 建筑业增加值

$$F_{13}=0.3794X_{31}+0.3777X_{14}+0.3799X_{4}+0.3772X_{17}+0.3777X_{10}+0.3755X_{12}+0.3784X_{16-1}$$

X_{31}：总存款余额　　X_{14}：固定资产投资额

X_{4}：消费品零售总额　　X_{17}：全省财政支出

X_{10}：城镇居民消费　　X_{12}：政府消费

X_{16-1}：前一期商品出口

14. 第三产业增加值

$$F_{14}=0.3553X_{15}+0.3520X_{16}+0.3513X_{17}+0.3555X_{4}+0.3536X_{10}+0.3521X_{5}+0.3536X_{12}+0.3550X_{21-1}$$

X_{15}：固定资本形成总额　　X_{16}：商品出口

X_{17}：全省财政支出　　X_{4}：消费品零售总额

X_{10}：城镇居民消费　　X_{5}：农村居民消费

X_{12}：政府消费　　X_{21-1}：前一期全省财政收入

15. 全省生产总值

$$F_{15}=0.3310X_{16}+0.3350X_{6}+0.3346X_{7}+0.3335X_{12}+0.3335X_{5}+0.3336X_{10}+0.3350X_{4}+0.3349X_{15}+0.3308X_{17}$$

X_{16}：商品出口　　X_{6}：农村居民收入额

X_{7}：城镇居民收入额　　X_{12}：政府消费

X_{5}：农村居民消费　　X_{10}：城镇居民消费

X_{4}：消费品零售总额　　X_{15}：固定资本形成总额

X_{17}：财政总支出

5.1.3　估计主成分系数

将主成分具体值计算出来，利用 SPSS 软件，通过两阶段最小二乘法（TSLS），估计主成分的系数，以获得以主成分作为自变量的联立方程组模型。

1. 估计各模型主成分系数

（1）第二产业劳动力。

将第二产业劳动力作为因变量，F_1 作为自变量，基于各自 2001～2011 年的样本数据，通过两阶段最小二乘法进行回归，拟合出线性回归方程。方程的拟合情况如表 5.5 所示。

表 5.5　第二产业劳动力模型拟合情况

名称	数值
复相关系数	0.965
R^2	0.932
调整的 R^2	0.925
估计的标准误差	0.275

方程的 R^2 值则可以衡量方程的拟合优度，越接近于 1，拟合效果越好。该方程调整的 R^2 为 0.925，拟合情况良好，初步认为该方程是可以接受的。

第二产业劳动力的回归模型系数如表 5.6 所示。

表 5.6　第二产业劳动力回归模型系数

	未标准化系数		β	t	Sig.
	B	标准误差			
常数	-1.314×10^{-7}	0.083		-1.586×10^{-6}	1.000
F_1	0.4717	0.042	0.965	11.112	0.000

表 5.6 可以得出该方程的系数为 0.4717，由于常数项的 Sig. = 1＞0.05，所以常数项为 0，则方程得以确定：

$$X_{23} = 0.4717F_1$$

其余 14 个方程模型以同样的方法得以确定：

（2）$X_{26} = 0.3521F_2$

（3）$X_{10} = 0.3360F_3$

（4）$X_5 = 0.3503F_4$

（5）$X_{12} = 0.3668F_5$

（6）$X_4 = 0.3180F_6$

（7）$X_{15} = 0.3216F_7$

（8）$X_{14} = 0.3315F_8$

（9）$X_{21} = 0.4102F_9$

（10）$X_{29} = 0.3556F_{10}$

（11）$X_{30} = 0.3592F_{11}$

（12）$X_{19} = 0.4495F_{12}$

（13）$X_{20} = 0.3790F_{13}$

（14）$X_3 = 0.3549F_{14}$

（15）$X_{18} = 0.3349F_{15}$

其中：

X_{23}：第二产业劳动力

X_{26}：第三产业劳动力

X_{10}：城镇居民消费

X_{5}：农村居民消费

X_{12}：政府消费

X_{4}：消费品零售总额

X_{15}：固定资本形成总额

X_{14}：固定资产投资额

X_{21}：财政收入

X_{29}：农村居民人均纯收入

X_{30}：城镇居民人均可支配收入

X_{19}：工业增加值

X_{20}：建筑业增加值

X_{3}：第三产业增加值

X_{18}：全省生产总值

2. 模型的模拟效果

同时还可以得到调整后的 R^2 值，具体情况如表 5.7 所示。

表 5.7　模型检验结果

方程类型	调整后的 R^2 值	方程类型	调整后的 R^2 值
第二产业劳动力	0.925	农村居民人均纯收入	0.999
第三产业劳动力	0.875	城镇居民人均可支配收入	0.997
城镇居民消费	0.993	财政收入	0.989
农村居民消费	0.975	工业增加值	0.995
政府消费	0.977	建筑业增加值	0.993
消费品零售总额	0.999	第三产业增加值	0.994
固定资本形成总额	0.998	全省生产总值	0.999
固定资产投资额	0.976		

15 个方程调整后的 R^2 值除了第三产业劳动力方程以外均在 0.9 以上，第三产业劳动力方程的 R^2 值也接近 0.9，表明拟合度都比较好，因此初步认为这 15 个方程是可以接受的。在后面还会进一步利用实际数据对方程的模拟效果进行验证，通过计算实际值与模拟值的相对误差来分析模型方程的应用效果。

5.1.4　还原模型方程

1. 还原方程的公式

若标准化之后的回归方程为

$$y^* = \sum_{i=1}^{m} a_i F_i + c \tag{5.4}$$

其中，各主成分 F_i 为

$$F_i = \sum_{j=1}^{n} a_{ij} x_j^* \tag{5.5}$$

其中，x_j^* 为模型中的各解释变量 z-score 标准化的值，$j = 1, 2, \cdots, n$；$i = 1, 2, \cdots, m$。则还原后的方程为

$$y = \sum_{j=1}^{n} a'_j x_j + c' \tag{5.6}$$

其中，新参数的确定方法如下。

一次项系数：

$$a'_j = \left[\sum_{i=1}^{m} (a_i a_{ij}) S(y) \right] \Big/ S(x_j) \tag{5.7}$$

其中，$S(y)$ 为被解释变量的标准差，$S(x_j)$ 为各解释变量的标准差。

常数项：

$$c' = -\left(\sum_{t=1}^{m} \sum_{j=1}^{n} \frac{a_i a_{ij} \overline{x}_j}{S(x_j)} + c \right) S(y) + \overline{y} \tag{5.8}$$

其中，$\overline{x}_j$ 为各解释变量的平均值，$\overline{y}$ 为被解释变量的平均值。

2. 还原方程的结果

经过还原的模型方程组如下：

（1）第二产业劳动力。

$$X_{23} = 0.0092X_{13}+8.0723X_{24}+0.1301X_{25}-0.1566X_{43-1}+0.2434X_{26-1}-948.6492$$

X_{23}：第二产业劳动力

X_{13}：第二产业增加值　　X_{24}：全国消费者价格指数

X_{25}：全省总人口　　X_{43-1}：前一期第一产业劳动力

X_{26-1}：前一期第三产业劳动力

（2）第三产业劳动力。

$$X_{26} = 0.0056X_{27}+0.0079X_3+3.4439X_{24}+0.0001X_2+0.0505X_{28}+0.0624X_{25} +0.0248X_{11-1}+0.0900X_{44-1}-289.7922$$

X_{26}：第三产业劳动力

X_{27}：总消费　　X_3：第三产业增加值

X_{24}：全国消费者价格指数　　X_2：国内生产总值

X_{28}：城镇人口　　X_{25}：全省总人口

X_{11-1}：前一期第一产业增加值　　X_{44-1}：前一期总劳动力

（3）城镇居民消费。

$$X_{10} = 0.0041X_1+0.0012X_2+0.0860X_3+0.0735X_4+0.2639X_5+0.1122X_{29} +0.0386X_{30}+0.0351X_9+2.5709X_{16-1}-273.8749$$

X_{10}：城镇居民消费

X_1：全国出口总额　　X_2：国内生产总值

X_3：第三产业增加值　　X_4：消费品零售总额

X_5：农村居民消费　　X_{29}：农村居民人均纯收入

X_{30}：城镇居民人均可支配收入　　X_9：城乡居民储蓄存款余额

X_{16-1}：前一期商品出口

（4）农村居民消费。

$$X_5 = 0.0152X_9+0.0119X_{18}+0.0422X_{17}+0.7635X_{16}+0.0600X_{29-1} +0.0254X_{15-1}+0.1480X_{21-1}+0.0077X_{31-1}+752.9634$$

X_5：农村居民消费

X_9：城乡居民储蓄存款余额　　X_{18}：全省生产总值

X_{17}：全省财政支出　　X_{16}：商品出口

X_{29-1}：前一期农村居民人均纯收入　　X_{15-1}：前一期固定资本形成总额

X_{21-1}：前一期全省财政收入　　X_{31-1}：前一期总存款余额

（5）政府消费。

$$X_{12} = 0.0213X_{13}+0.0320X_4+0.0490X_{10}+0.1152X_5+0.0131X_{14}+0.0425X_{17} +0.0153X_9+0.0327X_{27-1}+0.2107X_{20-1}+146.8168$$

X_{12}：政府消费

X_{13}：第二产业增加值　　X_4：消费品零售总额

X_{10}：城镇居民消费　　X_5：农村居民消费

X_{14}：固定资产投资额　　X_{17}：全省财政支出

X_9：城乡居民储蓄存款余额　　X_{27-1}：前一期总消费

X_{20-1}：前一期建筑业增加值

（6）消费品零售总额。

$$X_4 = 0.0017X_2+0.1182X_3+0.1550X_{10}+0.3624X_5+0.1542X_{29}+0.0531X_{30} +0.1341X_{17}+0.048X_9+0.4692X_{21-1}+0.9376X_{25-1}-7976.6685$$

X_4：消费品零售总额

X_2：国内生产总值　　X_3：第三产业增加值

X_{10}：城镇居民消费　　X_5：农村居民消费

X_{29}：农村居民人均纯收入　　X_{30}：城镇居民人均可支配收入

X_{17}：全省财政支出　　X_9：城乡居民储蓄存款余额

X_{21-1}：前一期全省财政收入　　X_{25-1}：前一期全省总人口

（7）固定资本形成总额。

$$X_{15} = 0.0088X_1+0.0026X_2+3.7030X_{16}+0.1032X_{13}+0.5373X_{12}+0.5451X_{21} +0.2053X_{17}+0.0630X_{14}+2.0092X_{44-1}+1.4482X_{25-1}-23947.4069$$

X_{15}：固定资本形成总额

X_{1}：全国出口总额　　X_{2}：国内生产总值

X_{16}：商品出口　　X_{13}：第二产业增加值

X_{12}：政府消费　　X_{21}：全省财政收入

X_{17}：全省财政支出　　X_{14}：固定资产投资额

X_{44-1}：前一期总劳动力　　X_{25-1}：前一期全省总人口

（8）固定资产投资额。

$$X_{14}=0.1791X_{13}+0.1792X_{15}+0.9274X_{12}+0.9473X_{21}+0.3583X_{17}+0.2926X_{33}+0.1682X_{30-1}+0.5091X_{29-1}+4.6572X_{23-1}-6991.0564$$

X_{14}：固定资产投资额

X_{13}：第二产业增加值　　X_{15}：固定资本形成总额

X_{12}：政府消费　　X_{21}：全省财政收入

X_{17}：全省财政支出　　X_{33}：居民消费

X_{30-1}：前一期城镇居民人均可支配收入

X_{29-1}：前一期农村居民人均纯收入　　X_{23-1}：前一期第二产业劳动力

（9）财政收入。

$$X_{21}=0.0195X_{14}+0.0635X_{17}+1.1469X_{16}+0.1477X_{11}+0.0318X_{13}+0.0559X_{3}-164.0946$$

X_{21}：财政收入

X_{14}：固定资产投资额　　X_{17}：全省财政支出

X_{16}：商品出口　　X_{11}：第一产业增加值

X_{13}：第二产业增加值　　X_{3}：第三产业增加值

（10）农村居民人均纯收入。

$$X_{29}=0.2571X_{11}+0.0828X_{4}+0.1094X_{17}+0.0435X_{30}+0.2860X_{12}+0.2974X_{5}+0.1270X_{10}+0.0314X_{32-1}+474.2730$$

X_{29}：农村居民人均纯收入

X_{11}：第一产业增加值　　X_{4}：消费品零售总额

X_{17}：全省财政支出　　X_{30}：城镇居民人均可支配收入

X_{12}：政府消费　　X_{5}：农村居民消费

X_{10}：城镇居民消费　　X_{32-1}：前一期居民人均 GDP

（11）城镇居民人均可支配收入。

$$X_{30}=0.1630X_{13}+0.2872X_{3}+0.3233X_{17}+0.3749X_{29}+0.8483X_{12}+0.8789X_{5}+0.3776X_{10}+3.9061X_{26-1}-1960.7171$$

X_{30}：城镇居民人均可支配收入

X_{13}：第二产业增加值　　X_3：第三产业增加值

X_{17}：全省财政支出　　X_{29}：农村居民人均纯收入

X_{12}：政府消费　　X_5：农村居民消费

X_{10}：城镇居民消费　　X_{26-1}：前一期第三产业劳动力

（12）工业增加值。

$$X_{19} = 0.4061X_{10}+6.3718X_{16}+0.1081X_{14}+0.0640X_{31-1}+0.3645X_{3-1}-434.3556$$

X_{19}：工业增加值

X_{10}：城镇居民消费　　X_{16}：商品出口

X_{14}：固定资产投资额　　X_{31-1}：前一期总存款余额

X_{3-1}：前一期第三产业增加值

（13）建筑业增加值。

$$X_{20} = 0.0055X_{31}+0.0113X_{14}+0.0275X_4+0.0366X_{17}+0.0421X_{10}+0.0942X_{12}+0.9669X_{16-1}+96.4091$$

X_{20}：建筑业增加值

X_{31}：总存款余额　　X_{14}：固定资产投资额

X_4：消费品零售总额　　X_{17}：财政总支出

X_{10}：城镇居民消费　　X_{12}：政府消费

X_{16-1}：前一期商品出口

（14）第三产业增加值。

$$X_3 = 0.0717X_{15}+2.6003X_{16}+0.1429X_{17}+0.1079X_4+0.1652X_{10}+0.3891X_5+0.3721X_{12}+0.5028X_{21-1}+546.7920$$

X_3：第三产业增加值

X_{15}：固定资本形成总额　　X_{16}：商品出口

X_{17}：全省财政支出　　X_4：消费品零售总额

X_{10}：城镇居民消费　　X_5：农村居民消费

X_{12}：政府消费　　X_{21-1}：前一期全省财政收入

（15）全省生产总值。

$$X_{18} = 7.1970X_{16}+0.4569X_6+0.1571X_7+1.0330X_{12}+1.0845X_5+0.4587X_{10}+0.2993X_4+0.1989X_{15}+0.3959X_{17}-984.9408$$

X_{18}：全省生产总值

X_{16}：商品出口　　X_6：农村居民收入额

X_7：城镇居民收入额　　X_{12}：政府消费

X_5：农村居民消费　　X_{10}：城镇居民消费

X_4：消费品零售总额　　X_{15}：固定资本形成总额

X_{17}：全省财政支出

5.2 模型的模拟水平

为了检验模型的仿真效果，考察模型的动态模拟功能，将检验集（2012年、2013年数据）代入模型进行仿真计算。模型各变量实际值与仿真值的相对误差如表5.8所示。检验结果表明，该模型的仿真性能较好：2012年和2013年的15个模型中分别有13个和12个模型的被解释变量的仿真值与实际值的相对误差小于6%，分别有11个和10个变量的仿真值与实际值的百分比误差小于4%。这充分说明模型基本能够描述四川省国民经济系统中主要经济变量之间的相互关系。

表5.8　模型各变量实际值与仿真值的相对误差

变量代码	变量名称	相对误差/%	
		2012年	2013年
X_3	第三产业增加值（当年、亿元）	3.2070	0.4016
X_{14}	固定资产投资（当年、亿元）	3.6042	0.7441
X_{18}	全省生产总值（当年、亿元）	3.2351	4.6889
X_{23}	第二产业劳动力（年末数）	0.3641	0.6154
X_{26}	第三产业劳动力（年末数）	1.2994	1.8420
X_{21}	全省财政收入（当年、亿元）	4.4169	7.5288
X_{12}	政府消费（当年、亿元）	1.2327	1.1426
X_5	农村居民消费（当年、元）	5.8667	5.6698
X_{10}	城镇居民消费（当年、元）	5.3566	8.6896
X_{20}	建筑业增加值（当年、亿元）	0.4390	2.7080
X_{19}	工业增加值（当年、亿元）	5.5287	11.7695
X_{15}	固定资本形成总额（当年、亿元）	0.9426	3.2140
X_4	社会消费品零售额（当年、亿元）	0.2299	1.3541
X_{30}	城镇居民人均可支配收入（当年、元）	0.2658	0.1934
X_{29}	农村居民人均纯收入（当年、元）	1.2907	3.8774

5.3 模型的基本结构

模型由36个方程组成，其中，行为方程18个，定义方程18个。行为方程基本是线形与对数线形的形式，利用SPSS软件，用两阶段最小二乘法估计出来。

模型的样本区间长度为 2001～2012 年，共包含 44 个变量（不包括虚拟变量）。模型由六个模块组成，分别是生产模块、需求模块、收入模块、财政与金融模块、人口与劳动力模块，以及价格模块。

5.3.1　生产模块

1. 方程一

$X_{18}=X_{11}+X_{13}+X_3$

X_{18}：全省生产总值

X_{11}：第一产业增加值　　X_{13}：第二产业增加值

X_3：第三产业增加值

2. 方程二

$X_{13}=X_{19}+X_{20}$

X_{13}：第二产业增加值

X_{19}：工业增加值　　X_{20}：建筑业增加值

3. 方程三

$X_{32}=X_{18}\times 10000/X_{25}$

X_{32}：居民人均 GDP（当年）

X_{18}：全省生产总值　　X_{25}：全省总人口

4. 方程四

$$X_{18}=7.1970X_{16}+0.4569X_6+0.1571X_7+1.0330X_{12}+1.0845X_5+0.4587X_{10}+0.2993X_4+0.1989X_{15}+0.3959X_{17}-984.9408$$

X_{18}：全省生产总值

X_{16}：商品出口　　X_6：农村居民收入额

X_7：城镇居民收入额　　X_{12}：政府消费

X_5：农村居民消费　　X_{10}：城镇居民消费

X_4：消费品零售总额　　X_{15}：固定资本形成总额

X_{17}：全省财政支出

5. 方程五

$$X_{19}=0.4061X_{10}+6.3718X_{16}+0.1081X_{14}+0.0640X_{31-1}+0.3645X_{3-1}-434.3556$$

X_{19}：工业增加值

X_{10}：城镇居民消费　　X_{16}：商品出口

X_{14}：固定资产投资额

X_{31-1}：前一期总存款余额

X_{3-1}：前一期第三产业增加值

6. 方程六

$$X_{20}=0.0055X_{31}+0.0113X_{14}+0.0275X_{4}+0.0366X_{17}+0.0421X_{10}+0.0942X_{12}+0.9669X_{16-1}+96.4091$$

X_{20}：建筑业增加值

X_{31}：总存款余额

X_{14}：固定资产投资额

X_{4}：消费品零售总额

X_{17}：财政总支出

X_{10}：城镇居民消费

X_{12}：政府消费

X_{16-1}：前一期商品出口

7. 方程七

$$X_{3}=0.0717X_{15}+2.6003X_{16}+0.1429X_{17}+0.1079X_{4}+0.1652X_{10}+0.3891X_{5}+0.3721X_{12}+0.5028X_{21-1}+546.7920$$

X_{3}：第三产业增加值

X_{15}：固定资本形成总额

X_{16}：商品出口

X_{17}：全省财政支出

X_{4}：消费品零售总额

X_{10}：城镇居民消费

X_{5}：农村居民消费

X_{12}：政府消费

X_{21-1}：前一期全省财政收入

5.3.2 需求模块

1. 方程一

$$X_{27}=X_{10}+X_{5}+X_{12}$$

X_{27}：总消费

X_{10}：城镇居民消费

X_{5}：农村居民消费

X_{12}：政府消费

2. 方程二

$$X_{33}=X_{10}+X_{5}$$

X_{33}：居民消费

X_{10}：城镇居民消费

X_{5}：农村居民消费

3. 方程三

$$X_{27}=X_{33}+X_{12}$$

X_{27}：总消费

X_{33}：居民消费　X_{12}：政府消费

4. 方程四

$X_{34}=X_{10}\times 10000/X_{28}$

X_{34}：城镇居民人均消费额

X_{10}：城镇居民消费　X_{28}：城镇人口

5. 方程五

$X_{35}=X_{5}\times 10000/X_{36}$

X_{35}：农村居民人均消费额　X_{5}：农村居民消费

X_{36}：农村人口

6. 方程六

$X_{37}=X_{33}\times 10000/X_{25}$

X_{37}：居民人均消费额　X_{33}：居民消费

X_{25}：全省总人口

7. 方程七

$X_{38}=(X_{15}/X_{22})\times 100$

X_{38}：固定资本形成率　X_{15}：固定资本形成总额

X_{22}：支出法全省生产总值

8. 方程八

$X_{39}=(X_{27}/X_{22})\times 100$

X_{39}：消费率　X_{27}：总消费

X_{22}：支出法全省生产总值

9. 方程九

$$X_{14}=0.1791X_{13}+0.1792X_{15}+0.9274X_{12}+0.9473X_{21}+0.3583X_{17}+0.2926X_{33}$$
$$+0.1682X_{30-1}+0.5091X_{29-1}+4.6572X_{23-1}-6991.0564$$

X_{14}：固定资产投资额

X_{13}：第二产业增加值　X_{15}：固定资本形成总额

X_{12}：政府消费　X_{21}：全省财政收入

X_{17}：全省财政支出　X_{33}：居民消费

X_{30-1}：前一期城镇居民人均可支配收入

X_{29-1}：前一期农村居民人均纯收入　X_{23-1}：前一期第二产业劳动力

10. 方程十

$$X_{10}=0.0041X_1+0.0012X_2+0.0860X_3+0.0735X_4+0.2639X_5+0.1122X_{29}+0.0386X_{30}+0.0351X_9+2.5709X_{16-1}-273.8749$$

X_{10}：城镇居民消费

X_1：全国出口总额　X_2：国内生产总值

X_3：第三产业增加值　X_4：消费品零售总额

X_5：农村居民消费　X_{29}：农村居民人均纯收入

X_{30}：城镇居民人均可支配收入　X_9：城乡居民储蓄存款余额

X_{16-1}：前一期商品出口

11. 方程十一

$$X_5=0.0152X_9+0.0119X_{18}+0.0422X_{17}+0.7635X_{16}+0.0600X_{29-1}+0.0254X_{15-1}+0.1480X_{21-1}+0.0077X_{31-1}+752.9634$$

X_5：农村居民消费

X_9：城乡居民储蓄存款余额　X_{18}：全省生产总值

X_{17}：全省财政支出　X_{16}：商品出口

X_{29-1}：前一期农村居民人均纯收入　X_{15-1}：前一期固定资本形成总额

X_{21-1}：前一期全省财政收入　X_{31-1}：前一期总存款余额

12. 方程十二

$$X_{15}=0.0088X_1+0.0026X_2+3.7030X_{16}+0.1032X_{13}+0.5373X_{12}+0.5451X_{21}+0.2053X_{17}+0.0630X_{14}+2.0092X_{44-1}+1.4482X_{25-1}-23947.4069$$

X_{15}：固定资本形成总额

X_1：全国出口总额　X_2：国内生产总值

X_{16}：商品出口　X_{13}：第二产业增加值

X_{12}：政府消费　X_{21}：全省财政收入

X_{17}：全省财政支出　X_{14}：固定资产投资额

X_{44-1}：前一期总劳动力　X_{25-1}：前一期全省总人口

13. 方程十三

$$X_4=0.0017X_2+0.1182X_3+0.1550X_{10}+0.3624X_5+0.1542X_{29}+0.0531X_{30}+0.1341X_{17}+0.048X_9+0.4692X_{21-1}+0.9376X_{25-1}-7976.6685$$

X_4：消费品零售总额

X_2：国内生产总值
X_3：第三产业增加值
X_{10}：城镇居民消费
X_5：农村居民消费
X_{29}：农村居民人均纯收入
X_{30}：城镇居民人均可支配收入
X_{17}：全省财政支出
X_9：城乡居民储蓄存款余额
X_{21-1}：前一期全省财政收入
X_{25-1}：前一期全省总人口

5.3.3　收入模块

1. 方程一

$X_{40}=X_7+X_6$

X_{40}：居民收入总额
X_6：农村居民收入额
X_7：城镇居民收入额

2. 方程二

$X_{30}=X_7\times 10000/X_{28}$

X_{30}：城镇居民人均可支配收入
X_7：城镇居民收入额
X_{28}：城镇人口

3. 方程三

$X_{29}=X_6\times 10000/X_{36}$

X_{29}：农村居民人均纯收入
X_6：农村居民收入额
X_{36}：农村人口

4. 方程四

$X_{41}=X_{40}\times 10000/X_{25}$

X_{41}：居民人均收入
X_{40}：居民收入总额
X_{25}：全省总人口

5. 方程五

$$X_{30}=0.1630X_{13}+0.2872X_3+0.3233X_{17}+0.3749X_{29}+0.8483X_{12}+0.8789X_5+0.3776X_{10}+3.9061X_{26-1}-1960.7171$$

X_{30}：城镇居民人均可支配收入
X_{13}：第二产业增加值
X_3：第三产业增加值
X_{17}：全省财政支出
X_{29}：农村居民人均纯收入
X_{12}：政府消费
X_5：农村居民消费
X_{10}：城镇居民消费
X_{26-1}：前一期第三产业劳动力

6. 方程六

$$X_{29} = 0.2571X_{11}+0.0828X_4+0.1094X_{17}+0.0435X_{30}+0.2860X_{12}+0.2974X_5+0.1270X_{10}+0.0314X_{32-1}+474.2730$$

X_{29}：农村居民人均纯收入

X_{11}：第一产业增加值　　X_4：消费品零售总额

X_{17}：全省财政支出　　X_{30}：城镇居民人均可支配收入

X_{12}：政府消费　　X_5：农村居民消费

X_{10}：城镇居民消费　　X_{32-1}：前一期居民人均 GDP

5.3.4 财政与金融模块

1. 方程一

$X_{42} = X_{21}-X_{17}$

X_{42}：财政收支平衡

X_{21}：财政收入　　X_{17}：财政总支出

2. 方程二

$$X_{21} = 0.0195X_{14}+0.0635X_{17}+1.1469X_{16}+0.1477X_{11}+0.0318X_{13}+0.0559X_3-164.0946$$

X_{21}：财政收入

X_{14}：固定资产投资额　　X_{17}：全省财政支出

X_{16}：商品出口　　X_{11}：第一产业增加值

X_{13}：第二产业增加值　　X_3：第三产业增加值

5.3.5 人口与劳动力模块

1. 方程一

$X_{43} = X_{44}-X_{23}-X_{26}$

X_{43}：第一产业劳动力

X_{44}：总劳动力　　X_{23}：第二产业劳动力

X_{26}：第三产业劳动力

2. 方程二

$X_{28} = X_{25}-X_{36}$

X_{28}：城镇人口

X_{25}：全省总人口　　X_{36}：农村人口

3. 方程三

$$X_{23}=0.0092X_{13}+8.0723X_{24}+0.1301X_{25}-0.1566X_{43-1}+0.2434X_{26-1}-948.6492$$

X_{23}：第二产业劳动力

X_{13}：第二产业增加值　　X_{24}：全国消费者价格指数

X_{25}：全省总人口　　X_{43-1}：前一期第一产业劳动力

X_{26-1}：前一期第三产业劳动力

4. 方程四

$$X_{26}=0.0056X_{27}+0.0079X_{3}+3.4439X_{24}+0.0001X_{2}+0.0505X_{28}+0.0624X_{25}+0.0248X_{11-1}+0.0900X_{44-1}-289.7922$$

X_{26}：第三产业劳动力

X_{27}：总消费　　X_{3}：第三产业增加值

X_{24}：全国消费者价格指数　　X_{2}：国内生产总值

X_{28}：城镇人口　　X_{25}：全省总人口

X_{11-1}：前一期第一产业增加值　　X_{44-1}：前一期总劳动力

5.3.6 价格模块

1. 方程一

$$X_{12}=0.0213X_{13}+0.0320X_{4}+0.0490X_{10}+0.1152X_{5}+0.0131X_{14}+0.0425X_{17}+0.0153X_{9}+0.0327X_{27-1}+0.2107X_{20-1}+146.8168$$

X_{12}：政府消费

X_{13}：第二产业增加值　　X_{4}：消费品零售总额

X_{10}：城镇居民消费　　X_{5}：农村居民消费

X_{14}：固定资产投资额　　X_{17}：全省财政支出

X_{9}：城乡居民储蓄存款余额　　X_{27-1}：前一期总消费

X_{20-1}：前一期建筑业增加值

2. 方程二

$$X_{15}=0.0088X_{1}+0.0026X_{2}+3.7030X_{16}+0.1032X_{13}+0.5373X_{12}+0.5451X_{21}+0.2053X_{17}+0.0630X_{14}+2.0092X_{44-1}+1.4482X_{25-1}-23947.4069$$

X_{15}：固定资本形成总额

X_{1}：全国出口总额　　X_{2}：国内生产总值

X_{16}：商品出口　　X_{13}：第二产业增加值

X_{12}：政府消费

X_{21}：全省财政收入

X_{17}：全省财政支出

X_{14}：固定资产投资额

X_{44-1}：前一期总劳动力

X_{25-1}：前一期全省总人口

3. 方程三

$$X_{10} = 0.0041X_1+0.0012X_2+0.0860X_3+0.0735X_4+0.2639X_5+0.1122X_{29}+0.0386X_{30}+0.0351X_9+2.5709X_{16-1}-273.8749$$

X_{10}：城镇居民消费

X_1：全国出口总额

X_2：国内生产总值

X_3：第三产业增加值

X_4：消费品零售总额

X_5：农村居民消费

X_{29}：农村居民人均纯收入

X_{30}：城镇居民人均可支配收入

X_9：城乡居民储蓄存款余额

X_{16-1}：前一期商品出口

4. 方程四

$$X_5 = 0.0152X_9+0.0119X_{18}+0.0422X_{17}+0.7635X_{16}+0.0600X_{29-1}+0.0254X_{15-1}+0.1480X_{21-1}+0.0077X_{31-1}+752.9634$$

X_5：农村居民消费

X_9：城乡居民储蓄存款余额

X_{18}：全省生产总值

X_{17}：全省财政支出

X_{16}：商品出口

X_{29-1}：前一期农村居民人均纯收入

X_{15-1}：前一期固定资本形成总额

X_{21-1}：前一期全省财政收入

X_{31-1}：前一期总存款余额

5.4 仿真系统功能模型

仿真系统的功能在于它可以模拟经济政策的变动对宏观经济发展的影响，从而了解并控制这些经济政策及经济指标的变动，来调控宏观经济，控制经济趋势。为使宏观经济某一指标在预期范围内变动，需要了解影响其变化的指标如何变动。管理员可根据需要选择变化指标和某一影响指标，决定变化指标的变化率 P，然后控制其他影响指标不变，根据功能模型进行仿真计算，观察该影响指标的变动情况。

5.4.1 功能模型表达式

1. 第二产业劳动力

对于第二产业劳动力模型来说，其仿真模型如下：

$$X_{23} = 0.0092X_{13}+8.0723X_{24}+0.1301X_{25}-0.1566X_{43-1}+0.2434X_{26-1}-948.6492$$

X_{23}：第二产业劳动力

X_{13}：第二产业增加值　　X_{24}：全国消费者价格指数

X_{25}：全省总人口　　X_{43-1}：前一期第一产业劳动力

X_{26-1}：前一期第三产业劳动力

为了解要使第二产业劳动力增加 P_{23}（百分比），在其他影响指标不变的情况下，需要各指标如何变化，将各影响指标的变化率列于表 5.9。例如，若要使第二产业劳动力增加 P_{23}（百分比），在全国消费者价格指数、全省总人口不变的情况下，第二产业增加值需要增长 $P_{1(13)} = P_{23}(0.0092X_{13}+8.0723X_{24}+0.1301X_{25}-0.1566X_{43-1}+0.2434X_{26-1}-948.6492)/(0.0092X_{13})$。

表 5.9　第二产业劳动力增加 P_{23}，影响指标的变化率

影响指标	变化率
第二产业增加值	$P_{1(13)}=P_{23}$（$0.0092X_{13}+8.0723X_{24}+0.1301X_{25}-0.1566X_{43-1}+0.2434X_{26-1}-948.6492$）/（$0.0092X_{13}$）
全国消费者价格指数	$P_{1(24)}=P_{23}$（$0.0092X_{13}+8.0723X_{24}+0.1301X_{25}-0.1566X_{43-1}+0.2434X_{26-1}-948.6492$）/（$8.0723X_{24}$）
全省总人口	$P_{1(25)}=P_{23}$（$0.0092X_{13}+8.0723X_{24}+0.1301X_{25}-0.1566X_{43-1}+0.2434X_{26-1}-948.6492$）/（$0.1301X_{25}$）

注：表中 $P_{i(j)}$ 表示要使第二产业劳动力增加 P_{23}（百分比），在保持其他指标不变的情况下，各指标的变化率。

2. 第三产业劳动力

要使第三产业劳动力增加 P_{26}（百分比），在其他影响指标不变的情况下，需要各指标的变化率如表 5.10 所示。

表 5.10　第三产业劳动力增加 P_{26}，影响指标的变化率

影响指标	变化率
总消费	$P_{2(27)}=P_{26}(0.0056X_{27}+0.0079X_3+3.4439X_{24}+0.0001X_2+0.0505X_{28}+0.0624X_{25}+0.0248X_{11-1}+0.0900X_{44-1}-289.7922)/(0.0056X_{27})$
第三产业增加值	$P_{2(3)}=P_{26}(0.0056X_{27}+0.0079X_3+3.4439X_{24}+0.0001X_2+0.0505X_{28}+0.0624X_{25}+0.0248X_{11-1}+0.0900X_{44-1}-289.7922)/(0.0079X_3)$
全国消费者价格指数	$P_{2(24)}=P_{26}(0.0056X_{27}+0.0079X_3+3.4439X_{24}+0.0001X_2+0.0505X_{28}+0.0624X_{25}+0.0248X_{11-1}+0.0900X_{44-1}-289.7922)/(3.4439X_{24})$
国内生产总值	$P_{2(2)}=P_{26}(0.0056X_{27}+0.0079X_3+3.4439X_{24}+0.0001X_2+0.0505X_{28}+0.0624X_{25}+0.0248X_{11-1}+0.0900X_{44-1}-289.7922)/(0.0001X_2)$
城镇人口	$P_{2(28)}=P_{26}(0.0056X_{27}+0.0079X_3+3.4439X_{24}+0.0001X_2+0.0505X_{28}+0.0624X_{25}+0.0248X_{11-1}+0.0900X_{44-1}-289.7922)/(0.0505X_{28})$
全省总人口	$P_{2(25)}=P_{26}(0.0056X_{27}+0.0079X_3+3.4439X_{24}+0.0001X_2+0.0505X_{28}+0.0624X_{25}+0.0248X_{11-1}+0.0900X_{44-1}-289.7922)/(0.0624X_{25})$

3. 城镇居民消费

要使城镇居民消费增加 P_{10}（百分比），在其他影响指标不变的情况下，需要各指标的变化率如表 5.11 所示。

表 5.11　城镇居民消费增加 P_{10}，影响指标的变化率

影响指标	变化率
全国出口总额	$P_{3(1)}=P_{10}(0.0041X_1+0.0012X_2+0.0860X_3+0.0735X_4+0.2639X_5+0.1122X_{29}+0.0386X_{30}+0.0351X_9+2.5709X_{16-1}-273.8749)/(0.0041X_1)$
国内生产总值	$P_{3(2)}=P_{10}(0.0041X_1+0.0012X_2+0.0860X_3+0.0735X_4+0.2639X_5+0.1122X_{29}+0.0386X_{30}+0.0351X_9+2.5709X_{16-1}-273.8749)/(0.0012X_2)$
第三产业增加值	$P_{3(3)}=P_{10}(0.0041X_1+0.0012X_2+0.0860X_3+0.0735X_4+0.2639X_5+0.1122X_{29}+0.0386X_{30}+0.0351X_9+2.5709X_{16-1}-273.8749)/(0.0860X_3)$
消费品零售总额	$P_{3(4)}=P_{10}(0.0041X_1+0.0012X_2+0.0860X_3+0.0735X_4+0.2639X_5+0.1122X_{29}+0.0386X_{30}+0.0351X_9+2.5709X_{16-1}-273.8749)/(0.0735X_4)$
农村居民消费	$P_{3(5)}=P_{10}(0.0041X_1+0.0012X_2+0.0860X_3+0.0735X_4+0.2639X_5+0.1122X_{29}+0.0386X_{30}+0.0351X_9+2.5709X_{16-1}-273.8749)/(0.2639X_5)$
农村居民人均纯收入	$P_{3(29)}=P_{10}(0.0041X_1+0.0012X_2+0.0860X_3+0.0735X_4+0.2639X_5+0.1122X_{29}+0.0386X_{30}+0.0351X_9+2.5709X_{16-1}-273.8749)/(0.1122X_{29})$
城镇居民人均可支配收入	$P_{3(30)}=P_{10}(0.0041X_1+0.0012X_2+0.0860X_3+0.0735X_4+0.2639X_5+0.1122X_{29}+0.0386X_{30}+0.0351X_9+2.5709X_{16-1}-273.8749)/(0.0386X_{30})$
城乡居民储蓄存款余额	$P_{3(9)}=P_{10}(0.0041X_1+0.0012X_2+0.0860X_3+0.0735X_4+0.2639X_5+0.1122X_{29}+0.0386X_{30}+0.0351X_9+2.5709X_{16-1}-273.8749)/(0.0351X_9)$

4. 农村居民消费

要使农村居民消费增加 P_5（百分比），在其他影响指标不变的情况下，需要各指标的变化率如表 5.12 所示。

表 5.12　农村居民消费增加 P_5，影响指标的变化率

影响指标	变化率
城乡居民储蓄存款余额	$P_{4(9)}=P_5(0.0152X_9+0.0119X_{18}+0.0422X_{17}+0.7635X_{16}+0.0600X_{29-1}+0.0254X_{15-1}+0.1480X_{21-1}+0.0077X_{31-1}+752.9634)/(0.0152X_9)$
全省生产总值	$P_{4(18)}=P_5(0.0152X_9+0.0119X_{18}+0.0422X_{17}+0.7635X_{16}+0.0600X_{29-1}+0.0254X_{15-1}+0.1480X_{21-1}+0.0077X_{31-1}+752.9634)/(0.0119X_{18})$
全省财政支出	$P_{4(17)}=P_5(0.0152X_9+0.0119X_{18}+0.0422X_{17}+0.7635X_{16}+0.0600X_{29-1}+0.0254X_{15-1}+0.1480X_{21-1}+0.0077X_{31-1}+752.9634)/(0.0422X_{17})$
商品出口	$P_{4(16)}=P_5(0.0152X_9+0.0119X_{18}+0.0422X_{17}+0.7635X_{16}+0.0600X_{29-1}+0.0254X_{15-1}+0.1480X_{21-1}+0.0077X_{31-1}+752.9634)/(0.7635X_{16})$

5. 政府消费

要使政府消费增加 P_{12}（百分比），在其他影响指标不变的情况下，需要各指标的变化率如表 5.13 所示。

表 5.13　政府消费增加 P_{12}，影响指标的变化率

影响指标	变化率
第二产业增加值	$P_{5(13)}=P_{12}(0.0213X_{13}+0.0320X_4+0.0490X_{10}+0.1152X_5+0.0131X_{14}+0.0425X_{17}+0.0153X_9+0.0327X_{27-1}+0.2107X_{20-1}+146.8168)/(0.0152X_9)$
消费品零售总额	$P_{5(4)}=P_{12}(0.0213X_{13}+0.0320X_4+0.0490X_{10}+0.1152X_5+0.0131X_{14}+0.0425X_{17}+0.0153X_9+0.0327X_{27-1}+0.2107X_{20-1}+146.8168)/(0.0320X_4)$
城镇居民消费	$P_{5(10)}=P_{12}(0.0213X_{13}+0.0320X_4+0.0490X_{10}+0.1152X_5+0.0131X_{14}+0.0425X_{17}+0.0153X_9+0.0327X_{27-1}+0.2107X_{20-1}+146.8168)/(0.0490X_{10})$
农村居民消费	$P_{5(5)}=P_{12}(0.0213X_{13}+0.0320X_4+0.0490X_{10}+0.1152X_5+0.0131X_{14}+0.0425X_{17}+0.0153X_9+0.0327X_{27-1}+0.2107X_{20-1}+146.8168)/(0.1152X_5)$
固定资产投资额	$P_{5(14)}=P_{12}(0.0213X_{13}+0.0320X_4+0.0490X_{10}+0.1152X_5+0.0131X_{14}+0.0425X_{17}+0.0153X_9+0.0327X_{27-1}+0.2107X_{20-1}+146.8168)/(0.0131X_{14})$
全省财政支出	$P_{5(17)}=P_{12}(0.0213X_{13}+0.0320X_4+0.0490X_{10}+0.1152X_5+0.0131X_{14}+0.0425X_{17}+0.0153X_9+0.0327X_{27-1}+0.2107X_{20-1}+146.8168)/(0.0425X_{17})$
城乡居民储蓄存款余额	$P_{5(9)}=P_{12}(0.0213X_{13}+0.0320X_4+0.0490X_{10}+0.1152X_5+0.0131X_{14}+0.0425X_{17}+0.0153X_9+0.0327X_{27-1}+0.2107X_{20-1}+146.8168)/(0.0153X_9)$

6. 消费品零售总额

要使消费品零售总额增加 P_4（百分比），在其他影响指标不变的情况下，需要各指标的变化率如表 5.14 所示。

表 5.14　消费品零售总额增加 P_4，影响指标的变化率

影响指标	变化率
国内生产总值	$P_{6(2)}=P_4(0.0017X_2+0.1182X_3+0.1550X_{10}+0.3624X_5+0.1542X_{29}+0.0531X_{30}+0.1341X_{17}+0.048X_9+0.4692X_{21-1}+0.9376X_{25-1}-7976.6685)/(0.0017X_2)$
第三产业增加值	$P_{6(3)}=P_4(0.0017X_2+0.1182X_3+0.1550X_{10}+0.3624X_5+0.1542X_{29}+0.0531X_{30}+0.1341X_{17}+0.048X_9+0.4692X_{21-1}+0.9376X_{25-1}-7976.6685)/(0.1182X_3)$
城镇居民消费	$P_{6(10)}=P_4(0.0017X_2+0.1182X_3+0.1550X_{10}+0.3624X_5+0.1542X_{29}+0.0531X_{30}+0.1341X_{17}+0.048X_9+0.4692X_{21-1}+0.9376X_{25-1}-7976.6685)/(0.1550X_{10})$
农村居民消费	$P_{6(5)}=P_4(0.0017X_2+0.1182X_3+0.1550X_{10}+0.3624X_5+0.1542X_{29}+0.0531X_{30}+0.1341X_{17}+0.048X_9+0.4692X_{21-1}+0.9376X_{25-1}-7976.6685)/(0.3624X_5)$
农村居民人均纯收入	$P_{6(29)}=P_4(0.0017X_2+0.1182X_3+0.1550X_{10}+0.3624X_5+0.1542X_{29}+0.0531X_{30}+0.1341X_{17}+0.048X_9+0.4692X_{21-1}+0.9376X_{25-1}-7976.6685)/(0.1542X_{29})$

续表

影响指标	变化率
城镇居民人均可支配收入	$P_{6(30)}=P_4(0.0017X_2+0.1182X_3+0.1550X_{10}+0.3624X_5+0.1542X_{29}+0.0531X_{30}+0.1341X_{17}+0.048X_9+0.4692X_{21-1}+0.9376X_{25-1}-7976.6685)/(0.0531X_{30})$
全省财政支出	$P_{6(17)}=P_4(0.0017X_2+0.1182X_3+0.1550X_{10}+0.3624X_5+0.1542X_{29}+0.0531X_{30}+0.1341X_{17}+0.048X_9+0.4692X_{21-1}+0.9376X_{25-1}-7976.6685)/(0.1341X_{17})$
城乡居民储蓄存款余额	$P_{6(9)}=P_4(0.0017X_2+0.1182X_3+0.1550X_{10}+0.3624X_5+0.1542X_{29}+0.0531X_{30}+0.1341X_{17}+0.048X_9+0.4692X_{21-1}+0.9376X_{25-1}-7976.6685)/(0.048X_9)$

7. 固定资本形成总额

要使固定资本形成总额增加 P_{15}（百分比），在其他影响指标不变的情况下，需要各指标的变化率如表 5.15 所示。

表 5.15　固定资本形成总额增加 P_{15}，影响指标的变化率

影响指标	变化率
全国出口总额	$P_{7(1)}=P_{15}(0.0088X_1+0.0026X_2+3.7030X_{16}+0.1032X_{13}+0.5373X_{12}+0.5451X_{21}+0.2053X_{17}+0.0630X_{14}+2.0092X_{44-1}+1.4482X_{25-1}-23947.4069)/(0.0088X_1)$
国内生产总值	$P_{7(2)}=P_{15}(0.0088X_1+0.0026X_2+3.7030X_{16}+0.1032X_{13}+0.5373X_{12}+0.5451X_{21}+0.2053X_{17}+0.0630X_{14}+2.0092X_{44-1}+1.4482X_{25-1}-23947.4069)/(0.0026X_2)$
商品出口	$P_{7(16)}=P_{15}(0.0088X_1+0.0026X_2+3.7030X_{16}+0.1032X_{13}+0.5373X_{12}+0.5451X_{21}+0.2053X_{17}+0.0630X_{14}+2.0092X_{44-1}+1.4482X_{25-1}-23947.4069)/(3.7030X_{16})$
第二产业增加值	$P_{7(13)}=P_{15}(0.0088X_1+0.0026X_2+3.7030X_{16}+0.1032X_{13}+0.5373X_{12}+0.5451X_{21}+0.2053X_{17}+0.0630X_{14}+2.0092X_{44-1}+1.4482X_{25-1}-23947.4069)/(0.1032X_{13})$
政府消费	$P_{7(12)}=P_{15}(0.0088X_1+0.0026X_2+3.7030X_{16}+0.1032X_{13}+0.5373X_{12}+0.5451X_{21}+0.2053X_{17}+0.0630X_{14}+2.0092X_{44-1}+1.4482X_{25-1}-23947.4069)/(0.5373X_{12})$
全省财政收入	$P_{7(21)}=P_{15}(0.0088X_1+0.0026X_2+3.7030X_{16}+0.1032X_{13}+0.5373X_{12}+0.5451X_{21}+0.2053X_{17}+0.0630X_{14}+2.0092X_{44-1}+1.4482X_{25-1}-23947.4069)/(0.5451X_{21})$
全省财政支出	$P_{7(17)}=P_{15}(0.0088X_1+0.0026X_2+3.7030X_{16}+0.1032X_{13}+0.5373X_{12}+0.5451X_{21}+0.2053X_{17}+0.0630X_{14}+2.0092X_{44-1}+1.4482X_{25-1}-23947.4069)/(0.2053X_{17})$
固定资产投资额	$P_{7(14)}=P_{15}(0.0088X_1+0.0026X_2+3.7030X_{16}+0.1032X_{13}+0.5373X_{12}+0.5451X_{21}+0.2053X_{17}+0.0630X_{14}+2.0092X_{44-1}+1.4482X_{25-1}-23947.4069)/(0.0630X_{14})$

8. 固定资产投资额

要使固定资产投资额增加 P_{14}（百分比），在其他影响指标不变的情况下，需要各指标的变化率如表 5.16 所示。

表 5.16　固定资产投资额增加 P_{14}，影响指标的变化率

影响指标	变化率
第二产业增加值	$P_{8(13)}=P_{14}(0.1791X_{13}+0.1792X_{15}+0.9274X_{12}+0.9473X_{21}+0.3583X_{17}+0.2926X_{33}+0.1682X_{30-1}+0.5091X_{29-1}+4.6572X_{23-1}-6991.0564)/(0.1791X_{13})$
固定资本形成总额	$P_{8(15)}=P_{14}(0.1791X_{13}+0.1792X_{15}+0.9274X_{12}+0.9473X_{21}+0.3583X_{17}+0.2926X_{33}+0.1682X_{30-1}+0.5091X_{29-1}+4.6572X_{23-1}-6991.0564)/(0.1792X_{15})$
政府消费	$P_{8(12)}=P_{14}(0.1791X_{13}+0.1792X_{15}+0.9274X_{12}+0.9473X_{21}+0.3583X_{17}+0.2926X_{33}+0.1682X_{30-1}+0.5091X_{29-1}+4.6572X_{23-1}-6991.0564)/(0.9274X_{12})$
全省财政收入	$P_{8(21)}=P_{14}(0.1791X_{13}+0.1792X_{15}+0.9274X_{12}+0.9473X_{21}+0.3583X_{17}+0.2926X_{33}+0.1682X_{30-1}+0.5091X_{29-1}+4.6572X_{23-1}-6991.0564)/(0.9473X_{21})$
全省财政支出	$P_{8(17)}=P_{14}(0.1791X_{13}+0.1792X_{15}+0.9274X_{12}+0.9473X_{21}+0.3583X_{17}+0.2926X_{33}+0.1682X_{30-1}+0.5091X_{29-1}+4.6572X_{23-1}-6991.0564)/(0.3583X_{17})$
居民消费	$P_{8(33)}=P_{14}(0.1791X_{13}+0.1792X_{15}+0.9274X_{12}+0.9473X_{21}+0.3583X_{17}+0.2926X_{33}+0.1682X_{30-1}+0.5091X_{29-1}+4.6572X_{23-1}-6991.0564)/(0.2926X_{33})$

9. 财政收入

要使财政收入增加 P_{21}（百分比），在其他影响指标不变的情况下，需要各指标的变化率如表 5.17 所示。

表 5.17　财政收入增加 P_{21}，影响指标的变化率

影响指标	变化率
固定资产投资额	$P_{9(14)}=P_{21}(0.0195X_{14}+0.0635X_{17}+1.1469X_{16}+0.1477X_{11}+0.0318X_{13}+0.0559X_{3}-164.0946)/(0.0195X_{14})$
全省财政支出	$P_{9(17)}=P_{21}(0.0195X_{14}+0.0635X_{17}+1.1469X_{16}+0.1477X_{11}+0.0318X_{13}+0.0559X_{3}-164.0946)/(0.0635X_{17})$
商品出口	$P_{9(16)}=P_{21}(0.0195X_{14}+0.0635X_{17}+1.1469X_{16}+0.1477X_{11}+0.0318X_{13}+0.0559X_{3}-164.0946)/(1.1469X_{16})$
第一产业增加值	$P_{9(11)}=P_{21}(0.0195X_{14}+0.0635X_{17}+1.1469X_{16}+0.1477X_{11}+0.0318X_{13}+0.0559X_{3}-164.0946)/(0.1477X_{11})$
第二产业增加值	$P_{9(13)}=P_{21}(0.0195X_{14}+0.0635X_{17}+1.1469X_{16}+0.1477X_{11}+0.0318X_{13}+0.0559X_{3}-164.0946)/(0.0318X_{13})$
第三产业增加值	$P_{9(3)}=P_{21}(0.0195X_{14}+0.0635X_{17}+1.1469X_{16}+0.1477X_{11}+0.0318X_{13}+0.0559X_{3}-164.0946)/(0.0559X_{3})$

10. 农村居民人均纯收入

要使农村居民人均纯收入增加 P_{29}（百分比），在其他影响指标不变的情况下，需要各指标的变化率如表 5.18 所示。

表 5.18　农村居民人均纯收入增加 P_{29}，影响指标的变化率

影响指标	变化率
第一产业增加值	$P_{10(11)}=P_{29}(0.2571X_{11}+0.0828X_4+0.1094X_{17}+0.0435X_{30}+0.2860X_{12}+0.2974X_5+0.1270X_{10}+0.0314X_{32-1}+474.2730)/(0.2571X_{11})$
消费品零售总额	$P_{10(4)}=P_{29}(0.2571X_{11}+0.0828X_4+0.1094X_{17}+0.0435X_{30}+0.2860X_{12}+0.2974X_5+0.1270X_{10}+0.0314X_{32-1}+474.2730)/(0.0828X_4)$
全省财政支出	$P_{10(17)}=P_{29}(0.2571X_{11}+0.0828X_4+0.1094X_{17}+0.0435X_{30}+0.2860X_{12}+0.2974X_5+0.1270X_{10}+0.0314X_{32-1}+474.2730)/(0.1094X_{17})$
城镇居民人均可支配收入	$P_{10(30)}=P_{29}(0.2571X_{11}+0.0828X_4+0.1094X_{17}+0.0435X_{30}+0.2860X_{12}+0.2974X_5+0.1270X_{10}+0.0314X_{32-1}+474.2730)/(0.0435X_{30})$
政府消费	$P_{10(12)}=P_{29}(0.2571X_{11}+0.0828X_4+0.1094X_{17}+0.0435X_{30}+0.2860X_{12}+0.2974X_5+0.1270X_{10}+0.0314X_{32-1}+474.2730)/(0.2860X_{12})$
农村居民消费	$P_{10(5)}=P_{29}(0.2571X_{11}+0.0828X_4+0.1094X_{17}+0.0435X_{30}+0.2860X_{12}+0.2974X_5+0.1270X_{10}+0.0314X_{32-1}+474.2730)/(0.2974X_5)$
城镇居民消费	$P_{10(10)}=P_{29}(0.2571X_{11}+0.0828X_4+0.1094X_{17}+0.0435X_{30}+0.2860X_{12}+0.2974X_5+0.1270X_{10}+0.0314X_{32-1}+474.2730)/(0.1270X_{10})$

11. 城镇居民人均可支配收入

要使城镇居民人均可支配收入增加 P_{30}（百分比），在其他影响指标不变的情况下，需要各指标的变化率如表 5.19 所示。

表 5.19　城镇居民人均可支配收入增加 P_{30}，影响指标的变化率

影响指标	变化率
第二产业增加值	$P_{11(13)}=P_{30}(0.1630X_{13}+0.2872X_3+0.3233X_{17}+0.3749X_{29}+0.8483X_{12}+0.8789X_5+0.3776X_{10}+3.9061X_{26-1}-1960.7171)/(0.1630X_{13})$
第三产业增加值	$P_{11(3)}=P_{30}(0.1630X_{13}+0.2872X_3+0.3233X_{17}+0.3749X_{29}+0.8483X_{12}+0.8789X_5+0.3776X_{10}+3.9061X_{26-1}-1960.7171)/(0.2872X_3)$
全省财政支出	$P_{11(17)}=P_{30}(0.1630X_{13}+0.2872X_3+0.3233X_{17}+0.3749X_{29}+0.8483X_{12}+0.8789X_5+0.3776X_{10}+3.9061X_{26-1}-1960.7171)/(0.3233X_{17})$
农村居民人均纯收入	$P_{11(29)}=P_{30}(0.1630X_{13}+0.2872X_3+0.3233X_{17}+0.3749X_{29}+0.8483X_{12}+0.8789X_5+0.3776X_{10}+3.9061X_{26-1}-1960.7171)/(0.3749X_{29})$
政府消费	$P_{11(12)}=P_{30}(0.1630X_{13}+0.2872X_3+0.3233X_{17}+0.3749X_{29}+0.8483X_{12}+0.8789X_5+0.3776X_{10}+3.9061X_{26-1}-1960.7171)/(0.8483X_{12})$
农村居民消费	$P_{11(5)}=P_{30}(0.1630X_{13}+0.2872X_3+0.3233X_{17}+0.3749X_{29}+0.8483X_{12}+0.8789X_5+0.3776X_{10}+3.9061X_{26-1}-1960.7171)/(0.8789X_5)$
城镇居民消费	$P_{11(10)}=P_{30}(0.1630X_{13}+0.2872X_3+0.3233X_{17}+0.3749X_{29}+0.8483X_{12}+0.8789X_5+0.3776X_{10}+3.9061X_{26-1}-1960.7171)/(0.3776X_{10})$

12. 工业增加值

要使工业增加值增加 P_{19}（百分比），在其他影响指标不变的情况下，需要各指标的变化率如表 5.20 所示。

表 5.20　工业增加值增加 P_{19}，影响指标的变化率

影响指标	变化率
城镇居民消费	$P_{12(10)}=P_{19}(0.4061X_{10}+6.3718X_{16}+0.1081X_{14}+0.0640X_{31-1}+0.3645X_{3-1}-434.3556)/(0.4061X_{10})$
商品出口	$P_{12(16)}=P_{19}(0.4061X_{10}+6.3718X_{16}+0.1081X_{14}+0.0640X_{31-1}+0.3645X_{3-1}-434.3556)/(6.3718X_{16})$
固定资产投资额	$P_{12(14)}=P_{19}(0.4061X_{10}+6.3718X_{16}+0.1081X_{14}+0.0640X_{31-1}+0.3645X_{3-1}-434.3556)/(0.1081X_{14})$

13. 建筑业增加值

要使建筑业增加值增加 P_{20}（百分比），在其他影响指标不变的情况下，需要各指标的变化率如表 5.21 所示。

表 5.21　建筑业增加值增加 P_{20}，影响指标的变化率

影响指标	变化率
总存款余额	$P_{13(31)}=P_{20}(0.0055X_{31}+0.0113X_{14}+0.0275X_{4}+0.0366X_{17}+0.0421X_{10}+0.0942X_{12}+0.9669X_{16-1}+96.4091)/(0.0055X_{31})$
固定资产投资额	$P_{13(14)}=P_{20}(0.0055X_{31}+0.0113X_{14}+0.0275X_{4}+0.0366X_{17}+0.0421X_{10}+0.0942X_{12}+0.9669X_{16-1}+96.4091)/(0.0113X_{14})$
消费品零售总额	$P_{13(4)}=P_{20}(0.0055X_{31}+0.0113X_{14}+0.0275X_{4}+0.0366X_{17}+0.0421X_{10}+0.0942X_{12}+0.9669X_{16-1}+96.4091)/(0.0275X_{4})$
全省财政支出	$P_{13(17)}=P_{20}(0.0055X_{31}+0.0113X_{14}+0.0275X_{4}+0.0366X_{17}+0.0421X_{10}+0.0942X_{12}+0.9669X_{16-1}+96.4091)/(0.0366X_{17})$
城镇居民消费	$P_{13(10)}=P_{20}(0.0055X_{31}+0.0113X_{14}+0.0275X_{4}+0.0366X_{17}+0.0421X_{10}+0.0942X_{12}+0.9669X_{16-1}+96.4091)/(0.0421X_{10})$
政府消费	$P_{13(12)}=P_{20}(0.0055X_{31}+0.0113X_{14}+0.0275X_{4}+0.0366X_{17}+0.0421X_{10}+0.0942X_{12}+0.9669X_{16-1}+96.4091)/(0.0942X_{12})$

14. 第三产业增加值

要使第三产业增加值增加 P_3（百分比），在其他影响指标不变的情况下，需要各指标的变化率如表 5.22 所示。

表 5.22　第三产业增加值增加 P_3，影响指标的变化率

影响指标	变化率
固定资本形成总额	$P_{14(15)}=P_3(0.0717X_{15}+2.6003X_{16}+0.1429X_{17}+0.1079X_4+0.1652X_{10}+0.3891X_5+0.3721X_{12}+0.5028X_{21-1}+546.7920)/(0.0717X_{15})$
商品出口	$P_{14(16)}=P_3(0.0717X_{15}+2.6003X_{16}+0.1429X_{17}+0.1079X_4+0.1652X_{10}+0.3891X_5+0.3721X_{12}+0.5028X_{21-1}+546.7920)/(2.6003X_{16})$
全省财政支出	$P_{14(17)}=P_3(0.0717X_{15}+2.6003X_{16}+0.1429X_{17}+0.1079X_4+0.1652X_{10}+0.3891X_5+0.3721X_{12}+0.5028X_{21-1}+546.7920)/(0.1429X_{17})$
消费品零售总额	$P_{14(4)}=P_3(0.0717X_{15}+2.6003X_{16}+0.1429X_{17}+0.1079X_4+0.1652X_{10}+0.3891X_5+0.3721X_{12}+0.5028X_{21-1}+546.7920)/(0.1079X_4)$
城镇居民消费	$P_{14(10)}=P_3(0.0717X_{15}+2.6003X_{16}+0.1429X_{17}+0.1079X_4+0.1652X_{10}+0.3891X_5+0.3721X_{12}+0.5028X_{21-1}+546.7920)/(0.1652X_{10})$
农村居民消费	$P_{14(5)}=P_3(0.0717X_{15}+2.6003X_{16}+0.1429X_{17}+0.1079X_4+0.1652X_{10}+0.3891X_5+0.3721X_{12}+0.5028X_{21-1}+546.7920)/(0.3891X_5)$
政府消费	$P_{14(12)}=P_3(0.0717X_{15}+2.6003X_{16}+0.1429X_{17}+0.1079X_4+0.1652X_{10}+0.3891X_5+0.3721X_{12}+0.5028X_{21-1}+546.7920)/(0.3721X_{12})$

15. 全省生产总值

要使全省生产总值增加 P_{18}（百分比），在其他影响指标不变的情况下，需要各指标的变化率如表 5.23 所示。

表 5.23　全省生产总值增加 P_{18}，影响指标的变化率

影响指标	变化率
商品出口	$P_{15(16)}=P_{18}(7.1970X_{16}+0.4569X_{29}+0.1571X_{30}+1.0330X_{12}+1.0845X_5+0.4587X_{10}+0.2993X_4+0.1989X_{15}+0.3959X_{17}-984.9408)/(7.1970X_{16})$
农村居民人均纯收入	$P_{15(29)}=P_{18}(7.1970X_{16}+0.4569X_{29}+0.1571X_{30}+1.0330X_{12}+1.0845X_5+0.4587X_{10}+0.2993X_4+0.1989X_{15}+0.3959X_{17}-984.9408)/(0.4569X_{29})$
城镇居民人均可支配收入	$P_{15(30)}=P_{18}(7.1970X_{16}+0.4569X_{29}+0.1571X_{30}+1.0330X_{12}+1.0845X_5+0.4587X_{10}+0.2993X_4+0.1989X_{15}+0.3959X_{17}-984.9408)/(0.1571X_{30})$
政府消费	$P_{15(12)}=P_{18}(7.1970X_{16}+0.4569X_{29}+0.1571X_{30}+1.0330X_{12}+1.0845X_5+0.4587X_{10}+0.2993X_4+0.1989X_{15}+0.3959X_{17}-984.9408)/(1.0330X_{12})$
农村居民消费	$P_{15(5)}=P_{18}(7.1970X_{16}+0.4569X_{29}+0.1571X_{30}+1.0330X_{12}+1.0845X_5+0.4587X_{10}+0.2993X_4+0.1989X_{15}+0.3959X_{17}-984.9408)/(1.0845X_5)$
城镇居民消费	$P_{15(10)}=P_{18}(7.1970X_{16}+0.4569X_{29}+0.1571X_{30}+1.0330X_{12}+1.0845X_5+0.4587X_{10}+0.2993X_4+0.1989X_{15}+0.3959X_{17}-984.9408)/(0.4587X_{10})$
消费品零售总额	$P_{15(4)}=P_{18}(7.1970X_{16}+0.4569X_{29}+0.1571X_{30}+1.0330X_{12}+1.0845X_5+0.4587X_{10}+0.2993X_4+0.1989X_{15}+0.3959X_{17}-984.9408)/(0.2993X_4)$
固定资本形成总额	$P_{15(15)}=P_{18}(7.1970X_{16}+0.4569X_{29}+0.1571X_{30}+1.0330X_{12}+1.0845X_5+0.4587X_{10}+0.2993X_4+0.1989X_{15}+0.3959X_{17}-984.9408)/(0.1989X_{15})$
全省财政支出	$P_{15(17)}=P_{18}(7.1970X_{16}+0.4569X_{29}+0.1571X_{30}+1.0330X_{12}+1.0845X_5+0.4587X_{10}+0.2993X_4+0.1989X_{15}+0.3959X_{17}-984.9408)/(0.3959X_{17})$

5.4.2　功能模型实例分析

以工业增加值和全省生产总值 2012 年的实际数据为例，探讨变化指标增加 1 个百分点，需要影响指标如何变动。

1. 工业增加值变动对其他经济指标的影响

工业增加值仿真模型中各指标数值如表 5.24 所示。

表 5.24　各指标数值

数据年份	指标代码	指标名称	数值	单位
2012	X_{19}	工业增加值	10550.53	亿元
2012	X_{10}	城镇居民消费	5839.6	亿元
2012	X_{16}	商品出口	384.6	亿美元
2012	X_{14}	固定资产投资额	18038.92	亿元
2011	X_{31-1}	前一期总存款余额	34971.21	亿元
2011	X_{3-1}	前一期第三产业增加值	7014	亿元

2012 年工业增加值为 10550.53 亿元，若目标是要工业增加值增加 1 个百分点（即 P_{19}=1%），则需要影响其变化的指标如何变动？此时，保持其他指标不变，城镇居民消费应如何变动？

根据表 5.20 的第一个模型，由于 P_{19}=1%，代入表 5.24 中各指标的数值，则可以计算出城镇居民消费的变化率为

$$
\begin{aligned}
P_{12(10)} &= P_{19}(0.4061X_{10}+6.3718X_{16}+0.1081X_{14}+0.0640X_{31-1}+0.3645X_{3-1}\\
&\quad -434.3556)/(0.4061X_{10})\\
&=1\%\times(0.4061\times5839.6+6.3718\times384.6+0.1081\times18038.92+0.0640\\
&\quad \times34971.21+0.3645\times7014-434.3556)/(0.4061\times5839.6)\\
&=4.7\%
\end{aligned}
$$

因此，若要使工业增加值增加 1 个百分点，在其他指标不变的情况下，则应使城镇居民消费增加 4.7 个百分点。

同理，根据表 5.20，可算出各影响指标的变化率如表 5.25 所示。

表 5.25　工业增加值增加 1%，其影响指标的变化率

指标	变化率/%	指标	变化率/%
城镇居民消费	4.7	固定资产投资额	5.7
商品出口	4.5		

2. 全省生产总值变动对其他经济指标的影响

全省生产总值仿真模型中各指标数值如表 5.26 所示。

表 5.26　各指标数值

数据年份	指标代码	指标名称	数值	单位
2012	X_{18}	全省生产总值	23872.8	亿元
2012	X_{16}	商品出口	384.6	亿美元
2012	X_{29}	农村居民人均纯收入	7001.4	元/年
2012	X_{30}	城镇居民人均可支配收入	20307	元/年
2012	X_{12}	政府消费	2831.4	亿元
2012	X_5	农村居民消费	3255.7	亿元
2012	X_{10}	城镇居民消费	5839.6	亿元
2012	X_4	消费品零售总额	9268.6	亿元
2012	X_{15}	固定资本形成总额	12096.2	亿元
2012	X_{17}	全省财政支出	5451	亿元

若要使全省生产总值增加 1 个百分点，在其他指标不变的情况下，各影响指标的变化率如表 5.27 所示。

表 5.27　全省生产总值增加 1%，其影响指标的变化率

指标	变化率/%	指标	变化率/%
商品出口	8.9	城镇居民消费	9.2
农村居民人均纯收入	7.7	消费品零售总额	8.9
城镇居民人均可支配收入	7.7	固定资本形成总额	10.2
政府消费	8.4	全省财政支出	11.4
农村居民消费	6.9		

5.5　经济预测模型

在经济工作中，科学的管理应当是根据需要进行预测，并在充分利用现有资源（包括人力、物力、资金）的基础上，捕捉和抓紧发展时机，制定出最优的发展目标。现代的宏观经济预测可以运用多种模型，如回归预测模型[4-7]、马尔科夫预测模型[8-11]、灰色系统预测模型[12-15]、投入产出预测模型[16-19]等，多数都是基于对已知数据的分析，找到数据内部的规律和相互依赖的关系，从而得到对未知数据的预测能力。

本章用 ARMA、AC、GMDH 模型来预测四川省宏观经济的工业增加值，在这之前已经有很多学者将这几种模型应用于宏观经济的预测中。孟华等[20]将 ARMA-ARCH 模型应用到自备电厂煤气供应量的变化趋势预测中，对实际生产调度和决策起到非常重要的作用。魏仕强等[21]也用 ARMA-ARCH 模型来组合预测了四川省 GDP 的发展趋势。何跃等[22]做了基于 AC 模型景气信号和景气指数的组合预警，以此来预警宏观经济运行情况。王晓丽等[23]用 AC 模型与 GMDH 模型的组合来对工业经济效益进行了预测。邓唯茹等[24]利用 GMDH 模型来预测国内社会消费品零售总额，并取得较好的效果。曹雪飞、王明欣等[25]做了基于 GMDH 组合的四川工业产成品库存预测模型研究，在预测上提升了精确度。吉新娜、贺广福[26]提出了更加有效的改进的 GMDH 预测模型。

经济工作中的调整和控制，是保证经济系统正常运行，发挥最大功能所必不可少的环节。无论计划经济还是市场经济，都需要建立在科学的预测基础上。经济预测对于指导我国经济的发展具有十分重要的作用，宏观经济更需要根据预测来做出科学的决策。宏观经济预测子系统的实施会给政府人员制定方针政策、编制和检查计划、调整经济结构提供有效、重要的依据。正确实施宏观经济预测，切实转变政府经济职能，强化政府的社会管理和公共服务职能，规范政府干预市场和介入经济活动的行为，有助于政府对经济的管理进入科学化的轨道。

宏观经济预测可以对四川省 GDP、规模以上工业增加值、财政收入、全社会消费品零售总额、外资进出口总额、居民消费价格指数等指数进行短期预测，也可以进行中长期预测，下面的实证分析是对四川省 2014 年的工业增加值所做的预测。

5.5.1　ARMA 模型的实证分析

将 1998～2011 年的工业增加值数据作为样本数据，来预测 2014 年的工业增加值。用 2013 年的数据来检验模型的误差度，选择相对误差较小的模型来预测 2014 年的工业增加值。利用 Eviews 软件，选用 ARMA(p, q)为初选模型，通过比较分析，综合考虑 R^2 和调整的 R^2，AIC 准则和 SC 准则，最终确定 ARMA(3, 2)为最佳模型，其模型公式为

$$Y_t = 222.921+0.980Y_{t-3}+0.873u_{t-2} \tag{5.9}$$

计算出相应 2013 年的预测值与实际值的相对误差，如表 5.28 所示。

表 5.28　ARMA 模型的预测值

时间/年	预测值/亿元	实际累计值/亿元	相对误差/%
2013	11478.71	11933.86	4.03

从上表可以看出，该预测模型相对误差为 4.03%，加之拟合效果较好，说明模型的预测效果较好。

5.5.2　AC 模型的实证分析

与前面实证分析类似，同样利用 5.5.1 节数据检验本系统中 AC 预测模型的有效性。选择 2013 年相对误差较小的模型来预测 2014 年的工业增加值。

选择 AC 模型，得到的预测结果如表 5.29 所示。

表 5.29　AC 模型预测值

时间/年	预测值/亿元	实际累计值/亿元	相对误差/%
2013	11478.71	11716.12	2.13

从上表中看出，AC 模型预测的相对误差较小，预测效果较 ARMA(3, 2)模型好，相对误差为 2.13%，而且模型拟合度高，说明模型的预测效果好。

5.5.3　GMDH 模型的实证分析

与前面实证分析类似，同样利用 5.5.2 节数据检验本系统中 GMDH 预测模型的有效性。

选择 GMDH 模型，利用 Knowledge Miner 软件计算，发现时滞为两期时，GMDH 误差最小，得到的 GMDH 公式为

$$X_1=70.311127+1.187018X_{1(t-1)} \tag{5.10}$$

此处，X_1 表示工业增加值，$X_{1(t-1)}$表示前一期工业增加值数据。代入公式，可以得到预测结果如表 5.30 所示。

表 5.30　GMDH 模型预测值

时间/年	预测值/亿元	实际累计值/亿元	相对误差/%
2013	12593.98	11471.60	9.78

从上表可以看出，该预测模型预测效果一般，相对误差为 9.78%。相对 ARMA、AC 模型来看，GMDH 模型的误差相对较大。

综上所述，通过对 2013 年工业增加值的实证分析，三个模型相比较发现，AC 模型在预测四川省宏观经济的工业增加值上效果最好，精确度最高。因此，本书将用 AC 模型来预测 2014 年的工业增加值。

5.6　驾驶舱综合应用案例

以四川省工业增加值为例，进行宏观经济管理驾驶舱的集成分析，根据流程图 3.18，进行工业增加值的预测、预警和仿真模拟。

（1）工业增加值预测。

将 1998～2012 年的工业增加值数据作为样本数据，通过实证检验，发现 AC 模型预测的 2013 年工业增加值，与实际值误差仅为 2.13%，如表 6.29 所示，预测效果较好。因此采用 AC 模型预测 2014 年工业增加值，得到 2014 年预测工业增加值为 12 964.25 亿元，相比 2013 年增加了 13.01%。

（2）工业增加值预警。

根据 4.3.1 节表 4.6 所示的单指标警限，预测 2014 年工业增加值为 2013 年的 113.01%，小于 114.34%，落在偏冷区间。正常区间为 114.34～119.64，如果要使 2014 年工业增加值的增长率达到适度状态的最低限，即 114.34，需要提高 1.33 个百分点。

（3）工业增加值仿真。

为了使 2014 年工业增加值提高 1.33 个百分点，根据表 5.20 的模型，由于 P_{19}=1.33%，代入 2013 年各影响指标的数值，则可以分别计算出城镇居民消费、商品出口、固定资产投资额的变化率如表 5.31 所示。

表 5.31　工业增加值增加 1.33%，其影响指标的变化率

指标	变化率/%	指标	变化率/%
城镇居民消费	6.5	固定资产投资额	7.5
商品出口	6.4		

因此，在对四川省经济的宏观调控中，为使工业增加值增加 1.33%，则需要使城镇居民消费增加 6.5%，或使商品出口增加 6.4%，或使固定资产投资额增加 7.5%，以使工业增加值回到适度状态。

参 考 文 献

[1] 徐维鼎，袁志勇. 宏观经济计量模型. 上海机械学院学报，1993，15（3）：71-76.

[2] 王开军，黄添强. 基于趋势秩的 Spearman 相关方法. 福建师范大学学报（自然科学版），2010，26（1）：38-41.

[3] 孔凡文，才旭，于淼. 格兰杰因果关系检验模型分析与应用. 沈阳建筑大学学报（自然科学版），2010，26（2）：405-408.

[4] 张凤廷. 基于支持向量机的中国股指期货回归预测研究. 济南：山东财经大学硕士学位论文硕士学位论文，2013.

[5] 杜家龙. 国内生产总值回归预测新探. 统计与决策，2013，（09）：9-14.

[6] 赛英，张凤廷，张涛. 基于支持向量机的中国股指期货回归预测研究. 中国管理科学，2013，（03）：35-39.

[7] 李慧. 线性回归预测与控制在物流作业成本法中的应用. 重庆交通学院学报，2004，23（06）：115-117.

[8] 高阳，谭阳波. 基于新维无偏灰色马尔科夫预测模型的中长期能源消费预测. 统计与决策，2007，（22）：55-57.

[9] 彭定桂，林燕菁. 基于灰色马尔科夫预测模型的福建省航空货运发送量预测. 物流工程与管理，2014，（02）：54-55.

[10] 李晓军. 青海省各地区人均 GDP 的马尔科夫预测. 商场现代化，2008，（19）：300-301.

[11] 吴泽胤. 苹果股价的 ARMA-APARCH 和灰色马尔科夫预测实证分析. 江苏科技信息，2014，（17）：68-73.

[12] 吕一清，何跃. 基于灰色 Elman 神经网络的季度性工业增加值动态预测方法的研究. 生产力研究，2011，（07）：60-61.

[13] 侯丽敏. 基于灰色系统理论的地区生产总值预测研究. 郑州：郑州大学硕士学位论文，2007.

[14] 秦凤华. 基于灰色系统预测北京市煤炭资源消耗的研究. 能源与节能，2013，（02）：43-44.

[15] 侯继松. 基于灰色理论分析成都市商品住宅价格变动. 成都：四川师范大学硕士学位论文，2008.

[16] 陈军武. 四川省批发零售产业的投入产出分析. 成都：西南财经大学硕士学位论文，2011.

[17] 宋家宝. 中国 1992-2002 年产业结构转变的投入产出分析. 沈阳：辽宁大学硕士学位论文，2007.

[18] 曹永凯. CGE 模型在北京奥运经济中的应用研究. 北京：首都经济贸易大学硕士学位论文，2006.

[19] 丁文风. 基于列昂锡夫投入产出模型的国家间货币流动规律研究. 哈尔滨：哈尔滨工业大学，2013.

[20] 孟华，王建军，王华，等. 基于 ARMA-ARCH 模型的自备电厂煤气供入量变化趋势预测研究. 昆明理工大学学报，2014，（39）：66-72.

[21] 魏仕强，何跃，蒋薇. 基于 ARMA-ARCH 的 GDP 组合预测. 统计与决策，2007，（10）：21-22.

[22] 何跃，张峰，霍叶青. 基于 AC 模型的景气信号和景气指数组合预警. 软科学，2011，25（3）：130-134.

[23] 王晓丽，何跃. 组合预测模型在四川省工业经济效益预测中的应用. 现代商贸工业，2008，20（09）：136-137.

[24] 邓唯茹，何跃，浦彦希. 社会消费品零售总额组合预测模型研究. 统计与决策，2014，（4）：24-27.

[25] 曹学飞，王明欣，田盼. 基于 GMDH 组合的四川工业产成品库存预测模型研究. 企业导报，2013，（04）：148.

[26] 吉新娜，贺广福. GMDH 模型在青海经济预测系统中的应用. 计算机应用与软件，2014，（04）：48-50.